팀플레이 법칙

THE LAW OF TEAM PLAY

평범한 팀은 어떻게 탁월한 성과를 내는가?

팀플레이 법칙

윤영철 지음

아름다운사회

지금, 현장에선
'팀플레이로 일하는 방법'이
필요하다

어느 날 한 팀이 어떤 물건에 대해 회의를 했다.

팀장과 팀원은 각각 사실만을 말했다.

먼저 팀원이 자신이 보고 온 물건에 대해 말했다.

"제가 본 것은 원이었습니다.

말 그대로 정말 동그란 원이었습니다."

그러자 팀장도 자신이 보고 온 물건에 대해 설명했다.

"내가 본 것은 직사각형입니다.

가로가 좁고 세로가 긴 직사각형이지요."

회의는 원이 맞는지, 직사각형이 맞는지를 가려내기 위해 근거를 따졌다.

회의는 지루하게 길어지고 결론이 나지 않았다.

결국, 내용은 제쳐두고 서로를 공격하기 시작했다.
팀장은 경험이 없어 판단이 미숙하다고 팀원을 공격했고
팀원은 옛날 사고방식에 사로잡혀 고리타분하다고 팀장을 공격했다.

이 싸움 같은 회의를 조용히 지켜보던 컨설턴트가 말했다.
"두 분 다 거짓말을 하지 않고 사실만 말하니 두 분 다 맞겠죠.
그러니 그것이 원인지, 직사각형인지 하나만 선택하지 마세요.
두 분이 본 것을 합치면 완성되는 모양인 원통이 아닐까요?
위에서 보면 원이고, 옆에서 보면 직사각형이니까요."

함께 일하는 방법은
각자가 옳고 그름을 내세워 싸우는 대결도
각자 알아서 살아남는 각자도생도 아닌
팀이 하나가 되어 대화하고, 생각하며, 행동하는 업무 관리 방법이다.
지금, 우리는 팀플레이로 일하는 방법이 필요하다.

이 책을 읽고, 활용하는 법

독자들이 어떤 상황에서 이 책을 읽을까를 상상했다. 새로 팀장이
되었을 때, 일하는 방법에 새로운 아이디어를 찾고 싶을 때, 팀원들에
게 어떻게 일할지 가르쳐주고 싶을 때, 그리고 팀원은 팀장이 답답하
게 일한다고 여겨질 때, 뭐 좀 새로운 방법이 없을까를 탐색하다가 이

책을 집지 않을까 싶다. 책장을 넘기기 시작하면 대게 목차를 살피고, 눈에 띄는 내용이 있으면 해당 페이지를 펼친 것이다. 독자들이 처한 상황과 독서에 할애하는 시간 여유가 모두 다르겠지만. 맛집에 가면 그 집만의 음식 먹는 방법을 안내하듯이 이 책을 어떻게 읽고 활용하면 좋을지를 제안한다.

1시간 정도 책을 볼 수 있다면

우선 목차를 읽자. 목차를 보면 대개 이 책이 어떤 내용을 담고 있는지 짐작이 갈 것이다. 그러다 눈길을 끄는 제목이 있다면 그 부분부터 읽는다. 필자의 생각과 자신의 생각을 비교하며 공통점과 차이점을 찾고 현장에 적용할만한 아이디어를 정리해보자.

2시간 동안 책을 볼 수 있다면

목차를 살펴서 눈길을 끄는 장을 꼽고 거기서부터 읽기 시작하자. 각 장의 제목에는 팀장과 팀원이 처할 수 있는 상황을 가정해서 표시했다. 본문을 읽기 전에 내가 이 상황이라면 어떻게 할지를 잠깐 상상해보고 해당 내용을 읽자. 2시간 정도의 여유가 있다면 1장 팀을 일하는 분위기로 만들고 싶다면, 5장 업무를 공정하게 나누고 싶다면, 7장 서로에게 힘이 되는 평가 면담을 하고 싶다면, 8장 제대로 협업하고 싶다면, 9장 의미 있고 힘이 되는 인사 평가를 하고 싶다면, 11장 성장하며 일하고 싶다면을 우선 권한다. 음식점의 시그니처 메뉴(Signature Menu)처럼 이 책의 시그니처 장(Signature Chapter)으로 추천한다.

반나절 내 책을 볼 수 있다면

목차에서 눈길을 끄는 내용도 봤고, 작가의 생각과 비교도 해봤다면, 이젠 제공된 사례나 템플릿을 살펴보고 자신의 입장에서 작성해보자. 잘 알겠지만 지식이 곧 실력은 아니다. 해봐야 하고, 몸으로 익혀야 진짜 실력이다. 눈으로 읽고 나서 모든 것을 다 아는 체하는 사람들이 많지만, 아는 것과 할 수 있는 것, 할 수 있는 것과 활용할 수 있는 수준은 완전히 다르다고 생각한다. 그러니 제발 눈팅으로 끝내지 말고 몸으로 책을 읽자. 우선 마음이 가는 장을 읽고 장별로 제공된 템플릿대로 한번 시도해보자. '아님 말고'의 실험정신으로 일단 해보는 것이다.

팀의 성과와 자신의 성장을 원한다면

이 책은 앞에서부터 순차적으로 적용하도록 내용을 연결하여 나열한 것이 아닌 각 장별로 별도의 내용을 다루었다. 왜냐하면 해당되는 내용을 찾아보고 업무의 아이디어나 양식을 바로 활용할 수 있도록 하기 위해서이다. 백종원 씨가 알려준 레시피 그대로 음식을 만들면 맛이 똑같긴 힘들지만 최소한의 맛은 보장하듯이, 이 책에서 제공하는 방법이나 순서는 최소한의 성과를 보장할 것이다. 이 책이 제안하는 방법이 여러분에게 딱 맞지 않더라도 우리 팀의 일하는 방법과 순서를 만들 때 가이드라인은 될 수 있을 것이다.

목차

1

팀을 일하는 분위기로 만들고 싶다면

/

성과는 팀장과 팀원 간
팀플레이에서 비롯된다

팀장과 팀원은 밀당하는 관계

리더십에 걸신들린 사회. 예전에도 그렇지만 요즘도 신문이나 뉴스를 보면 웬 리더십 타령을 그리 많이 하는지 어지럽다. 모든 일이 리더에게 달려 있어 리더만큼 중요한 존재가 없다고까지 말한다. 하지만 리더만 잘하면 회사가 잘 돌아가고 사회에 문제가 없을까? 그러긴 어렵다고 생각한다. 우리가 접하는 현장의 문제는 팀장 혼자만의 개인기나 애드립으로 해결하기에 벅차고 까다롭다. 설사 팀장 한 명의 능력만으로 좋은 성과를 낼 수 있다 하더라도 팀장 한 명이 생각하는 것보다 팀원들이 함께 생각하면 더 나은 해법과 결과가 보장될 수 있고, 함께 일하는 실력이 쌓여갈 수 있다.

팀장과 팀원은 서로 귀한 존재라는 것을 잊어가고 있다. 어떤 팀장은 팀원의 업무 스킬 부족을 지적하고 시키는 대로 하지 못한다며 아쉬워한다. 어떤 팀원은 일하면서 의사결정을 망설이는 이유와 고민을 이해하지 못하고 자기 팀장이 업무를 질질 끈다고 혀를 찬다. 팀원은 팀장이 직급이 높으니까, 책임자니까 그의 앞에서는 "알겠습니다." 하고 사무적으로 답한다. 팀장은 팀원에게 "당신이 담당자이고 그게 당신의 일"이라고 쏘아붙이며, "이게 진짜 회사 생활"이라고 말한다. 이처럼 팀원은 팀장을 냉소적으로 대하고, 팀장은 팀원에게 비정함만 내보인다. 그러면서 모두가 이게 현실이라고 주장한다. 결국 팀장과 팀원 모두 각자의 이해관계나 이용 가치 중심으로 동료를 판단하고 대한다. 이게 현실이라면 이대로 받아들여야 할까? 이런 현실이 싫다면, 우리 팀은 즐겁고 의미 있게 일하는 팀으로 만들고 싶다면, 우리는 어떤 분위기로 만들어야 할까?

영화 〈라이언 일병 구하기〉는 라이언이라는 일병 한 명을 구하기 위해 여덟 명의 공수부대가 적진에 투입되어 겪는 이야기를 다룬다. 한 명의 목숨을 구하기 위해 여덟 명이 위험을 감수해야 하는 상황에서 공수부대원들은 과연 라이언 일병의 생명이 다른 여덟 명의 생명보다 더 가치 있는지를 여정 내내 고민한다. 영화를 보는 필자 역시 한 명의 생명을 구하기 위해 여덟 명의 생명을 죽음의 위험에 빠뜨리는 게 맞는지 고민했다. 군인으로서 작전에 참가하여 책임을 완수하는 것은 아름다운 사명이지만, 그 사명만으로는 충분히 납득되지 않았다. 여정 도중 공수부대원들을 이끄는 리더인 밀러 대위(톰 행크스)가 그들이 구하는 사람은 한 명의 라이언이 아닌 그들 자신일지 모른다는 이야기를 하는 순간, 필자는 영화가 여덟 명의 목숨과 한 명의 목숨을 비교하는 효율성의 문제가 아닌 조직과 개인의 신뢰를 다루었다는 것을 깨달았다. 지금은 여덟 명이 라이언을 구하러 가지만, 여덟 명 중 누구나 낙오된 라이언이 될 수 있다는 가능성, 군인들 각자 알아서 살아남으라는 무책임 대신 나라를 위해 입대한 일병 한 명을 구해오는 것이 신뢰라는 깨달음. 우리는 회사에서 팀에서 일하지만 과연 개인과 조직 간 신뢰를 갖고 대하려 노력하며 신뢰를 만들려 노력하는지 고민이 되었다. 업무 스킬도 중요하지만 동료 간 신뢰가 높으면 일에 몰입하고 소통도 쉬우며 팀 성과도 달성할 수 있다. 한 사람이 소통의 기술을 발휘하고 카리스마를 뿜어낸다고 이런 신뢰를 이루기는 어렵다.

리더가 중요하지 않다는 뜻은 아니다. 팀장의 리더십만큼 팀원의 팔로워십도 중요하다는 의미이다. 그러니 누군가에게 희생을 강요하거나 누군가를 히어로로 만들지 말고, 불완전한 개인을 인정하고 팀플레이하자. 팀이 성과를 내는 것은 개인의 고민이 아니다. 팀장과 팀원이 함께 생각하고, 소통하고, 행동하기를 고민해야 한다. 결국 팀 성과는 팀장의 리더십과 팀원의 팔로워십의 곱셈인 팀 리더십에서 비롯된다. 팀플레이의 셈법이 곱셈인 이유는 한쪽이 0(zero)이면 팀이라 부르기 민망하기 때문이다. 리더십이 플러스여도 팔로워십이 없으면 팀이 아니고, 팔로워십이 있어도 리더십이 제로면 팀이 아니다. 하지만 서로가 플러스면 그 팀은 성과가 높아진다. 팀장의 리더십이 3, 팀원의 팔로워십이 2일 때 각각을 더하면 5가 되지만 곱하면 6이 된다. 이처럼 팀플레이는 팀장과 팀원을 이어주는 연결 고리이자 매직이다.

팀플레이는 교과서에만 있는 것도 아니고, 지겨운 것도 아니며, 남의 이야기도 아니다. 팀에 꼭 있어야 하며 팀장과 팀원 중 어느 한쪽이 희생해서 생기는 것이 아닌 함께 탐색하고 실행해야 만들 수 있는 것이다. 팀장과 팀원이 각자 자기 말만 말하면 소음이지만 함께 말하면 음악이 된다. 팀장과 팀원이 함께 행동하면 팀플레이지만 각자 따로 일하면 각자도생이다. 팀장과 팀원이 각자 생각하면 동상이몽이고, 팀장과 팀원이 함께 생각하면 비전이다. 그렇다면 우리가 함께 갖추어야 할 팀플레이는 어떤 모습일까?

또 다른 영화 〈허드슨 강의 기적〉을 보자. 이 영화는 승객 155명을 태운 비행기가 허드슨 강에 불시착한 실화를 바탕으로 한다. 사고 후 원인을 밝히는 과정에서 기장과 부기장의 침착한 대처와 판단에 의해 단 한 명도 다치거나 사망자가 없었다는 것이 알려졌다. 기장의 잘못된 판단으로 불시착한 것은 아닌지 의심했던 조사관들이 기장에게 미안한 마음을 사과하고 오히려 그를 영웅이라고 추켜세웠다. 그러자 기장 설리(톰 행크스)는 자신은 영웅이 아니라고 말하며 승무원, 승객 전원, 관제탑, 페리 승무원, 경찰과 소방당국 등 모두가 있었기에 가능한 일이었다고 말한다. "우리는 팀으로 할 일을 했다."고 담담히 말한다. 팀장과 팀원의 관계는 승패의 관계가 아닌 협업의 관계이다. 급류같이 변하는 업무 환경에서 한 배를 타고 어려움을 함께 헤쳐나가는 동료이다.

팀장과 팀원의 관계는 제도로 규정된 고정적 관계가 아닌, 신뢰를 바탕으로 하고 서로의 역할을 밀고 당기는 유동적 관계이어야 한다. 다시 말해 서로가 상대의 캐릭터와 스타일을 충분히 이해하여 그에 맞는 일하는 방법을 찾아야 한다. 필요하면 다양한 방법을 동원해야 한다. 일이 되게끔 하는 것이 중요하지, 혼자만의 상식을 찾거나 본인의 자존심을 내세울 필요가 없다. 또한 팀이 처한 상황에 따라 일하는 방법도 바뀔 수 있다. 만약 팀이 긴박한 상황에 처한다면 지시와 명령, 점검 등의 방식이 가능하고, 여유가 허락된다면 용기를 주는 등 상황에 맞추어 가장 효과적인 방법을 동원해야 한다. 상대에 따라서도 다를 수 있다. 오랜 시간 동안 협업하여 서로가 다음 단계를 미루어 짐작할 수 있다면 굳이 지시, 명령, 점검이 아닌 존중과 자율 등으로 업무를 수행할 수 있다.

가끔 현장에서 실제 팀을 만나면, 어떤 팀장은 태평성대 군자도 아닌데 이래도 참고 저래도 참는 경우가 있다. 그러다가는 화병이 나고 기대했던 성과도 달성하기 어렵다. 무조건 참는 것은 좋은 방법이 아니다. 그렇다고 팀장 마음대로 팀원을 함부로 대하라는 뜻은 아니다. 함께 일하는 방법을 강구하고 서로를 존중하며 일해야 한다. 팀원도 마찬가지다. 뛰어난 팀원은 시키는 일을 잘하는 팀원은 아니다. 자기 인생 자기가 살 듯, 자신의 업무는 자기가 챙기고 자기 성과는 본인이 책임져야 한다. 다른 사람이 나의 인생을 책임지지 않듯, 팀원의 성과는 팀장이 책임지지 않는다. "팀장님이 시켜서 이렇게 했어요."라는 말은 순진하기는커녕, 자신의 책임을 회피하는 것으로 보일 뿐이다. 팀장의 말에 이리 쫓아가고 저리 뛰어다니기보다 팀장과 함께 생각하며 소통하고 행동해야 한다. 시키는 대로, 하라는 대로 했다가 사고가 터지는 광경을 현장에서 자주 봤다. 정리하면 팀장과 팀원의 팀플레이는 목적을 중심으로 목표를 공유하고, 공유된 목표를 성과로 만들기 위해 함께 생각하고 소통하고 행동하는 최고의 일하는 방법이다. 팀플레이는 신뢰를 바탕으로 하는 커뮤니티이고, 그 속에서 팀장과 팀원이 서로의 역할과 책임을 다하며 밀고 당기기를 잘해야 한다.

우리 팀은 각자도생하나, 팀플레이하나?

　우리는 어느 정도 수준의 팀플레이로 일하고 있을까? 서로 일하는 방법이 어느 정도 일치한다면 협업의 수준은 어떨까? 팀플레이로 일하는 수준을 진단하고, 우리 팀만을 생각하고, 소통하고, 행동하는 방법을 만들어보자. 팀플레이로 일하는 방법은 일하는 수준 진단, 생각의 격차 파악, 개선 방향 토의 등 3단계를 거쳐야 한다.

　먼저, 우리는 정말 팀으로 일하고 있는지, 어떤 점에서 팀장과 팀원 사이의 생각과 소통, 행동하는 방식에 차이가 있는지 파악할 필요가 있다. 다음 10개의 항목을 리더와 팀원들이 모두 점검한다. 이때 리더와 구성원이 각자 따로 진단한다. 현재 자신의 팀을 생각하며 질문에 어느 정도 일치하는지 선택한다. '매우 일치한다'가 5점이고, '전혀 일치하지 않는다'가 1점이다.

　팀플레이 진단 점수는 팀장과 팀원이 어느 정도 함께 생각하고 소통하며 행동하는지를 파악할 수 있다. 이는 팀장과 팀원 간 신뢰하는 정도로 팀장과 팀원이 자신의 성과만 챙기는 것이 아닌 함께 일하는 정도를 나타낸다. 팀장과 팀원이 각자 총점이 몇 점인지를 파악하는 것보다 자신의 점수와 다른 동료나 팀장의 점수가 어떤 항목에서 차이가 생기고, 같은지를 파악하는 것이 중요하다. 항목별로 비교해서 같은 점수로 나타난 항목과 다른 점수로 나타난 항목을 찾아내어 비교한다. 특히 다른 점수로 진단한 항목에 대해서는 왜 그렇게 생각하는지에 대한 이유와 앞으로 어떻게 서로 돕고 지지하길 바라는지 의견을 나눌 필요가 있다. 그런 과정 속에서 팀장과 팀원, 팀원들 사이의 갈등

| 표 1-1 | 팀플레이 자가진단 표 |

구분	질문	매우 일치 한다				전혀 일치하지 않는다
1	우리는 모두 다른 팀원의 업무 내용과 업무의 목적을 잘 알고 있다.	5	4	3	2	1
2	우리는 다른 팀보다 업무에 대한 의사소통이 빠르다.	5	4	3	2	1
3	우리는 팀장 또는 팀원의 역량개발을 위해 많이 노력한다.	5	4	3	2	1
4	우리는 평소 점검/확인보다 칭찬/지지가 더 많다.	5	4	3	2	1
5	우리는 누구나 업무 아이디어를 이야기할 때 주저함이 없다.	5	4	3	2	1
6	우리 팀은 각자 주어진 역할을 자율적으로 실천한다.	5	4	3	2	1
7	우리 팀원들은 팀장의 의견에 반박할 수 있다.	5	4	3	2	1
8	우리 팀은 매월 다른 팀원들과 업무계획을 서로 공유한다.	5	4	3	2	1
9	우리 팀은 팀원들 사이에 목표배분이 공정하다.	5	4	3	2	1
10	우리 팀은 최근 1년간 업무에서 새로운 일을 맡거나 새로운 방법을 시도했다.	5	4	3	2	1
11	우리 팀은 의사결정이 다른 팀보다 빠른 편이다.	5	4	3	2	1
12	우리 팀은 매월 업무 종료 후 과정을 돌아보고 보완할 내용을 대화한다.	5	4	3	2	1
13	우리는 팀장과 팀원의 일하는 스타일을 잘 알고 있다.	5	4	3	2	1
14	나는 팀장이나 다른 팀원의 업무 고민이나 어려움을 잘 알고 있다.	5	4	3	2	1
15	내가 생각할 때 우리 팀의 일하는 수준은 다른 팀보다 높다.	5	4	3	2	1
	진단 점수를 모두 더한 합계			[	]점	

을 조금이라도 좁혀 나갈 수 있을 것이다. 대부분의 팀은 갈등을 갖고 있다. 인생도 멀리서 보면 희극이고 가까이서 보면 비극이라는 찰리 채플린(Charles Chaplin)의 말처럼, 일하다 보면 생기는 갈등과 고난은 자연스러운 일이다. 그러니 갈등을 혼돈의 상태로 보지 말고, 서로 가까워지고 팀플레이를 만드는 계기로 받아들이자.

표 1-2는 진단 결과에 따라 팀플레이의 수준을 파악하고 개선 방향을 알려주는 표이다. 앞서 말한 대로 리더와 구성원이 진단한 점수가 몇 점인지도 중요하겠지만, 반드시 각 항목을 비교해봐야 한다. 즉, 리더와 구성원의 진단 점수가 몇 점인지 비교하는 것이다. 리더와 구성원 간 어느 항목의 점수가 같고, 어느 항목의 점수가 다른지 비교한다. 예를 들어, 7번 항목에서 리더는 '우리 팀원들은 팀장의 의견에 반박할 수 있다'에 5점을 표시했지만, 구성원들은 같은 항목에서 3점을 표시했다면 인식의 차이가 있다고 판단할 수 있다. 팀장과 팀원의 의견을 좁히기 위한 솔직한 의견을 사례 1-1 표처럼 정리할 수 있다.

표 1-2 진단 결과 : 우리는 어느 수준으로 일하고 있나?

- 다음은 합계 점수 범위에 해당하는 팀들이 주로 주의를 기울여야 하는 내용을 간략하게 기술했다.
- 앞에서 구한 합계 점수에 해당되는 내용을 참고한다.

진단 점수	팀플레이 수준과 개선 방향
60점 이상	• 일하는 방법이 탁월하다. 팀 성과를 달성하며 스마트하게 일하고 있다. 팀장과 팀원이 가진 강점을 꾸준히 발전시키면 지속적 성장이 가능하다. 가능하다면 자신들의 일하는 방법을 정리해서 다른 팀과 공유하자.
57~59점	• 일하는 방법이 우수하다. 좋은 성과를 낼 수 있다. 이 수준에 있다면 팀장과 팀원이 자유롭게 아이디어를 낼 수 있다. 일하는 방법들 중 1~2가지 보완점을 갖고 있다. • 이 점수대에 있는 팀은 팀장과 팀원, 팀원들 간 자유롭게 아이디어와 의견을 낼 수 있도록 소통을 강화한다. 즉, 팀장은 팀원들이 편하게 아이디어를 개진하고 회의에 참여할 수 있는 분위기를 조성한다.
52~56점	• 이 점수대에 있는 팀은 팀장과 팀원, 팀원들 간 자유롭게 아이디어와 의견을 낼 수 있도록 소통을 강화한다. 즉, 팀장은 팀원들이 편하게 아이디어를 개진하고 회의에 참여할 수 있는 분위기를 조성한다.
39~51점	• 일하는 방법이 무난하다. 팀 분위기가 겉으로는 친밀해도, 속으로는 신뢰하지 않는다. 팀원 간 협업이 다소 원활하지 않을 수 있다. 팀장과 팀원, 팀원들 간 진단 결과에서 격차가 발생하는 항목을 찾아 일하고 소통하는 방법과 절차, 내용 등에서 대안을 찾는다. • 특히 팀장은 팀 내 신뢰를 구축하기 위해 노력한다. 팀장은 팀의 소통과 업무 관리의 약점을 찾아 개선하고 팀원들의 역량개발에 노력한다.
35~38점	• 일하는 방법을 개발할 필요가 있다. 일하는 방법 중 5~6개 이상 항목에서 격차가 있다. 주로 팀원 간 교류가 부족하거나 갈등이 있을 수 있다. 업무로 인해 팀원들이 스트레스 받을 수 있다. 팀장과 팀원들 모두 열린 소통이 필요하다. 팀장은 팀원들이 성과를 달성하기 위한 지원 사항이 무엇인지 파악하고 해소하려고 노력한다.

34점 이하	• 팀은 위기다. 팀이 스스로 해결할 수 없는 구조적 문제가 있거나 리더십과 팔로워십의 심각한 문제가 있을 수 있다. 팀을 떠나고자 하는 팀원이 늘어날 수 있다. 같은 팀에 있지만, 성취하려는 것이나 목적이 다르게 일하고 있다.	
	• 팀장과 팀원들은 자기 생각만 옳다는 생각을 버리고, 팀의 목적과 전략을 함께 고민하고, 팀을 우선하는 자세를 가져야 한다. 팀장과 팀원은 서로의 의견을 청취하고, 팀의 그라운드 룰을 만들어 공통의 일하는 규칙을 정한다.	

사례 1-1 팀플레이를 만들기 위한 토의

팀장 진단	구분	팀원 진단
39점	[서로 진단 점수 비교] "총점은 몇 점인가?"	*36점*
2, 3, 5, 6, 10, 11	[동일한 진단 내용 비교] "진단이 같게 나온 항목은 어떤 항목인가?"	*2, 3, 5, 6, 10, 11*
1, 4, 8, 9	[상이한 진단 내용 비교] "진단이 다르게 나온 항목은 어떤 항목인가?"	*1, 4, 8, 9*
팀장 의견	**구분**	**팀원 의견**
• 나는 팀장으로서 일의 목적을 좀 더 상세히 정리하여 공유하겠습니다. *• 나는 팀장으로서 업무 신행 사항 확인 과정에서 좀 더 부드럽게 표현하는 방법을 만들겠습니다.* *• ...... 생략*	*[진단 격차를 좁히기 위한 토의]* *"진단이 다르게 나온 항목 간 격차를 좁히기 위해 팀장과 팀원은 각각 무엇을 할 것인가?"*	*• 저는 팀원으로서 급하게 일하다 보니 일의 목적을 모른 채 팀장님 의도와 달리 시간이 많이 걸렸던 거 같아요. 의도를 잘 이해하도록 좀 더 정리해서 질문하겠습니다.* *• 저는 팀원으로서 중간보고를 소홀히 한 것 같아요. 좀 더 보고, 상담을 일상화하고, 문자나 사진 등으로 다양하게 보고하겠습니다.* *• ...... 생략*

정리하면 팀장과 팀원이 각각 팀플레이로 일하는 수준을 진단한다. 총점으로 각자 일하는 수준을 참고한다. 중요한 것은 어떤 진단 항목에서 점수가 같고, 어떤 항목에서 점수가 다른지를 보고 팀장과 팀원의 일하는 방법의 차이를 판단하는 것이다. 그런 다음 팀장과 팀원은 어떻게 생각의 격차를 좁힐지 의논한다. 위와 같은 방법으로 점수 차이가 크게 나는 항목들은 별도로 표시하여 리더와 구성원의 인식 차이를 좁히기 위한 의견을 정리한다.

함께 만드는 팀플레이 원칙

같은 공간에서 일하지만 같은 마음이 아닐 수 있다. 팀장과 팀원이 팀을 바라보는 서로의 눈높이를 확인하고, 서로가 생각하는 문제점을 의논하는 것이 팀플레이의 시발점이다. 팀플레이는 자신과 다른 가치관을 가지고 다른 방법으로 일하는 사람을 이해하고 어울리는 것이다. 자신과 닮은 사람들하고만 어울리는 것이 아니라 자신과 다른 생각을 가지고 다르게 소통하는 방식을 가진 사람들과 다리를 만들어 소통하는 것이 팀플레이다. 서로 간의 차이를 부정하는 것이 아닌 그 차이를 인정하고 새로운 방법을 만드는 것이 팀플레이다. 다음 사례는 팀장과 팀원이 서로 토의를 거쳐 만들어낸 팀플레이 원칙이다.

이건 꼭 해요	이건 하지 말아요
• 상호 호칭과 경어를 사용해요.	• 9시를 넘는 음주 회식은 하지 말아요.
• 모든 업무는 다른 팀원과 공유해요.	• 서로의 연차 사용 이유를 묻지 말아요.
• 상대에게 업무를 요청할 땐 코칭하면서 협력해요.	• 업무에서 발생한 리스크를 줄이거나 가리지 말아요.
• 보고의 납기를 지킵시다.	• 협력업체의 부담스러운 접대를 받지 말아요.
• 업무 중간에 한 번은 5분 소통해요.	• 불필요한 PPT 보고서를 요구하지 말아요.
• 아무리 바빠도 일주일에 한 번 스낵토크 타임을 가져요.	• 1시간 이상의 긴 회의, 자료 없는 회의는 하지 말아요.
• 자기 업무 중 잘한 점을 꼭 자랑해요.	• 월요일 오전, 금요일 오후에 회의하지 말아요.
• 다른 업무에서 써먹을 수 있는 아이디어를 공유해요.	• 외근 갔다가 오면 얼렁뚱땅 넘어가지 맙시다.
• 외근하고 파악한 내용을 구두로 공유하지만, 중요한 사항은 메일로 남겨놔요.	• 자기 일만 다하면 됐다는 생각은 하지 말아요.
• 후속 공정 담당자의 요구 사항을 경청하여 선행 공정에 요청해요.	• 문제가 생기면 남 탓보다 어떤 프로세스를 보완할지 따져요.
• 이슈가 생기면 누구 잘못인지 따지기 전에 우선 해결에 노력해요.	• 침묵은 금이 아니에요. 회의에서 묵비권을 행사하지 말아요. 회의에서 아무 말도 안 하면 동의한 것으로 간주해요.
• 회의에서 예측되는 업무를 사전에 공유해요.	• 여러 장의 보고서는 가능한 쓰지 말아요.
• 보고서는 가능한 1장으로 정리해요.	• 이메일을 장황하게 쓰지 말고 수신인을 불명확하게 하지 말아요.
• 이메일에 요청 사항과 강조하는 바를 명확히 씁시다.	• 형식적인 보고나 공식적인 품의는 되도록 줄여요.
• 이메일, 메모, 카카오톡 등으로 간단하고 신속하게 업무 공유해요.	• 보고하고 피드백하는 데 너무 많은 시간을 들이지 말아요.
• 타부서에서 업무 자료를 받으면 같이 공유해요.	• 다른 부서에서 자료를 받고 가만히 있지 않기로 해요.

팀장이나 팀원 혼자 애쓰며 일하기보다 간단하지만 함께한다는 의미로 팀플레이 원칙을 세우고 지키며 일한다면 팀플레이로 일하는 팀이 되지 않을까 싶다.

팀장은 일의 WHY를 번역하고, 팀원은 디브리핑하자

막무가내 팀장, 겉도는 팀원

"일이 언제 날아올지 몰라요. 대개 팀장님이 다음 회의에 들어가야 해서 바쁘시다며 자세한 설명도 없이 일을 던지고 가십니다. 이런 일은 배경과 목적도 모른 채 다른 사람에게 토스해버리는 '업무 토스'가 돼요. 이 일을 왜 하는지도 모르니 다음 순서의 사람에게 곧바로 보내야 하죠. 업무 토스에 저는 업무 패스로 대응해야죠. 나중에 책임지지 않으려면 다른 팀원 또는 다른 팀으로 보내야 합니다. 얼마 전에도 이런 일이 있었습니다. 팀장님이 제 자리로 오셔서 별다른 설명도 없이 밑도 끝도 없는 내용의 메모만 '툭' 던져놓고 가셨어요. 한참 다른 일을 하는 중이라 미처 신경을 쓰지 못했는데, 알고 보니 임원이 급하게 찾은 매출 보고 관련 분석 데이터였습니다. 폭탄이 던져진 겁니다. 결국 보고의 타이밍을 놓친 팀장님은 저에게 메모를 전달해주지 않았느

냐며 꼼꼼히 챙기지 않을 거냐고 핀잔을 주시더군요. 물론 저도 급한 일은 메모하고 곧바로 처리합니다. 하지만 메모 위에 메모가 쌓이고, 카톡 사이에 업무지시 카톡까지 뒤죽박죽되어 어떤 것을 우선 처리해야 할지 혼란스럽습니다."

다음은 다른 팀원의 사연이다.

"특정 업무를 하라고 지시를 받았는데, 해당 업무에 대한 배경 지식이 없어서 1안, 2안, 3안, 4안을 짜서 가져가게 됩니다. 어떤 이슈로 인해서 업무가 생겨났는지에 대한 배경 지식만 있었더라면 여러 안을 만드느라 시간을 허비하지 않았을 텐데요. 게다가 저희는 팀별로 업무 공유가 되어 있지 않아서 대안을 찾을 때도 여러모로 힘들었어요. 그래서 요즘엔 담배도 피우지 않는데 일부러 다른 팀장과 담배를 피우러 가서 대화하며 은근슬쩍 물어보죠. 이게 뭐하는 짓인지 모르겠네요."

뒤죽박죽된 메모를 챙기고, 담배를 피우지도 않는데 흡연실로 따라가 이야기를 나눈다는 말에 뭐라 위로해야 할지 모르겠다. 어려운 시기에 어려운 일을 하느라 팀장과 팀원 모두 얼마나 어려움이 많을까 싶다.

이렇게 현장에서 만난 팀장과 팀원의 사연들은 억울함과 서운함 등으로 채워져 있다. 또 하나의 공통점은 이런 사연에 괴롭힌 사람은 없고, 괴롭힘 당한 사람만 있다는 점이다. 팀원의 입장에서 보면 팀장은 막무가내로 일을 시키는 사람이고, 팀장의 입장에 보면 팀원은 일에 관심이 없고 자기 일만 처리하는 개인주의자이거나 겉도는 사람으로 판단한다. 그렇다면 팀장과 팀원은 왜 이런 입장 차이를 보일까?

어느 연구 결과에 따르면 최고경영 층에서 일에 대한 의도를 팀장에게 전달하고, 다시 팀장이 팀원에게 전달하면 이 과정에서 처음 내용과 다르게 해석되거나 잘못된 정보가 전달되는 경우가 있다고 한다. 이를 정보왜곡현상이라고 한다. 즉, 일의 메시지가 경영진인 임원에서 출발하여 팀장을 거쳐 팀원들에게 도착하면, 팀원은 20퍼센트는 제대로 이해하고, 80퍼센트는 오해한다는 것이다. 정보왜곡현상이 아니더라도 우리도 하나의 사실이 여러 단계를 거치면 왜곡되거나 과장되거나 누락되는 경우를 흔히 볼 수 있다. 문제는 이런 일이 자주 일어나면 팀장과 팀원 사이에 신뢰가 없어지고, 다른 동료들의 이야기도 믿을 수 없게 된다. 그렇다면 이런 현상을 방지하고, 서로 정확한 업무 배경을 주면서 기대하는 결과를 얻으려면 어떻게 소통해야 할까?

팀장은 일의 와이(WHY)를 해석하고, 팀원은 일의 WHY를 디브리핑하자. 일의 WHY는 업무 수행을 통해서 해결할 문제, 일을 요청한 사람의 의도, 일과 관련된 이해관계자들의 의견과 역할, 할 일을 가리키는 요청사항, 일에 대한 효과 등이다. 일의 WHY는 이들 중 하나일 수도 있고 여러 개가 섞일 수도 있다. 팀장과 팀원이 같은 방향으로 일하고 불필요한 재작업을 피하려면, 팀장과 팀원 모두 일의 WHY를 읽는 능력을 갖추어야 한다. 일의 WHY를 읽는다는 것은 팀장은 경영진의 메시지를 주요 키워드로 바꿔 팀원이 현장에서 실행할 수 있도록 전체 관점에서 일의 맥락을 공유하는 것이고, 팀원은 자신이 이해한 일의 WHY를 팀장에게 설명해보는 것이다.

팀원의 디브리핑은 일의 목적, 일 시킨 사람의 의도, 업무이해관계자의 예상되는 의견과 행동, 기대 효과 등을 자신의 용어로 정리하여 팀장에게 요약해서 설명하고 확인 받는 소통 방법이다. 앞서 말한 대로 회사 내 정보왜곡현상을 팀장의 번역과 팀원의 디브리핑으로 100% 해소하긴 힘들어도, 가능한 소통의 혼선을 줄이고 재작업이 줄어드는 효과를 볼 수 있다. 만약 번역과 디브리핑이 없다면 팀장과 팀원은 재작업을 넘어 재재작업을 하는 업무 삽질이 넘쳐날 것이다. 여기서 말하는 업무 삽질은 일을 시킨 사람의 의중과 일하는 사람의 의도가 맞지 않아 서로가 초점을 맞추기 위해 수정 반복하는 작업을 뜻한다.

일의 WHY를 번역하자

그럼 먼저 일의 WHY를 번역하는 방법을 알아보자. 다음은 가구 전문회사 A사 인사팀 담당자와 인터뷰한 '고객맞이 스킬 업 교육'에 대한 업무 배경이자 현황이다. 가구 전문회사인 A사는 현재 제품 전시장인 쇼룸을 15개 가지고 있다. 고객이 쾌적한 환경에서 가구를 선택할 수 있도록 판매원을 대상으로 고객맞이 스킬 업 연수를 시행하려고 한다. 전시장별 판매 매니저가 코치가 되어 판매 스태프들에게 고객맞이 교육을 실시하지만, 판매 스태프의 자질, 경험의 차이에 따라서 고객맞이 방법에도 차이가 발생하고 있다. 고객은 고액 상품을 구입할 경우 2~3곳의 전문 매장을 둘러보고 나서 구입을 결정한다. 가격과 품질의 비교 외에도 고객에 대한 판매 스태프의 서비스를 중요하게 생각하기 때문이다. 그렇다면 고객맞이 스킬 업 교육에 대한 일의 WHY는 무엇일까?

앞서 말한 대로 일의 WHY는 해결할 문제, 업무 요청한 사람의 의도, 업무이해관계자들의 예상되는 행동과 의견을 가리키는 상황, 업무 요청 등의 해야 할 일이다. 먼저 해결할 문제는 판매 스태프 간 고객맞이 방법의 차이 해소이고, 의도는 고객 만족도를 높이고 상품 판매를 촉진시키고 싶다는 정도로 정리할 수 있다. 그리고 강사가 요청받은 사항은 판매 스태프에 대한 교육이다. 팀장은 일이 어떤 배경에서 시작되었고, 현재 어떤 상황이며, 어떤 결과물을 얻어야 할지를 팀원들에게 번역해줘야 한다. 즉 일의 맥락을 공유하는 것이다. 일이 시작된 배경과 해결할 문제, 업무와 관련된 업무관계자들이 어떤 의견이나 역할을 할지 그리고 어떤 결과물을 기대하는지 업무 전체 흐름 속에서 읽어준다. 팀원들이 바보 같은 결과물과 질문을 한다면 그건 충분한 정보와 질문을 하지 못했기 때문이다.

정리하면 팀장은 일의 WHY를 팀원에게 번역하고, 팀원은 팀장에게 자신이 이해한 일의 WHY를 요약한다. 일의 WHY는 스스로 일에 대해 3가지 질문을 던져 정리한다. 자문자답이다. 첫 번째 질문은 자신이 파악할 때 왜 이 일을 하는가이고, 두 번째 질문은 상대가 어떤 결과물을 원하는가를 정리하는 것이다. 세 번째 질문은 일의 효과이다. 이 일을 통해 얻을 수 있는 향후의 효과나 이 일로 인한 파급 효과이다. 교육에 대한 일의 WHY를 다음과 같이 정리할 수 있다.

고객맞이 스킬 업 교육에 대한 일의 WHY

- 해결할 문제는 판매 매니저와 판매원 간 고객맞이 방법에 대한 차이를 해소하는 것이다.
- 의도는 크게 보면 고객 만족도를 제고하는 것이고, 지금 교육에 실시하는 목적은 가구 판매를 촉진하는 것이다.
- 요청받아 해야 할 일은 전시장 판매원을 대상으로 제품 설명과 판매 교육이다.

팀장과 팀원은 서로 무심히 일을 주고받지 말고, 앞서 설명한 3가지 질문을 하고 정리하여 서로가 공유한다. 묻고 정리하고 공유하는 행동이 상대의 생각을 이해하려는 노력이고 행동이고, 존중이다. 팀장과 팀원이 일의 WHY를 공유하면 일을 놓치는 업무 누락이나 일에서 실수하는 업무 실패를 줄일 수 있다. 팀장은 일의 WHY를 번역하고, 팀원은 일의 WHY를 요약한다.

다음은 팀장과 팀원 사이에 일의 WHY를 공유하는 5단계이다.

1단계는 팀장이 일의 WHY에 대해 스스로 질문하고 답한다. 왜 이일을 하는지 정리하는 과정인 일의 목적이자 배경이고, 어떤 결과물을 기대하는지, 어떤 상황인지, 일의 결과물은 어떻게 활용할지 등을 정리한다.

2단계는 팀장이 일의 WHY를 키워드 중심으로 팀원에게 번역해준다. 이때 핵심은 해결할 문제가 무엇인지, 팀장이 생각하는 문제를 어떤 식으로 해결하려는가 하는 의도, 이 일과 관련된 업무관계자들의 예상되는 의견과 역할, 팀원에게 요청할 일 등을 설명하는 것이다. 간단하게 문제, 의도, 상황, 요청사항이다. 팀장은 팀원이 자신의 언어로 정리해서 말할 수 있도록 정리할 시간을 준다. 사람마다 자신의 생각 프레임이 있고, 그 프레임에 맞추어 생각을 정리하고 분류한다. 현장에서 실험해본 바로는 대략 1~1시간 반 정도가 적당하다.

　3단계는 팀원이 자신이 이해한 일의 WHY를 팀장에게 요약한다. 팀원은 팀장이 설명한 일의 WHY를 자신의 용어로 정리해서 설명한다. 자신의 말로 정리한다는 것은 팀장이 한 말이나 단어를 그대로 쓰라는 뜻이 아니라 자신이 이해한 뜻과 의미를 정리하라는 의미다. 또 이 일이 누구로부터 시작된 일인지, 현재 하고 있는 일의 우선순위는 무엇인지 물어본다. 보통 팀원은 자신이 하고 있는 일을 놓아두고 시킨 일부터 하게 되는데, 자의적으로 해석하지 말고 가능한 우선순위를 묻는 것이 좋다. 팀원은 팀장이 전해준 일의 WHY를 자신의 언어로 정리한다. 이때 팀원은 팀장의 말 속에 생략된 논리나 내용을 가능한 합리적인 수준에서 유추하고 설명한다. 만약 이해가 가지 않거나 부족한 정보가 있다면 팀장에게 다시 한 번 물어본다. 팀장이 알고 있는 것과 팀원이 이해한 것 사이에 차이가 있다면 가능한 버리지 않고 일의 WHY를 구체화시킨다. 일의 WHY는 퍼즐 조각과 같아서 실질적인 대안이 없으면 가능한 버리지 않아야 한다. 일의 WHY를 공유하는 것은 한 사람의 생각에 대한 옳고 그름을 따지는 것이 아니라 일의 목적을 구체화시키기 위해서 하는 것이다. 이처럼 일의 WHY 공유하기는 상대의 생각에 자신의 생각을 더하는 플러스적 접근이고, 상대의 이해에 아쉬운 부분을 더하며 일의 더욱 뚜렷한 목적지로 가는 나침반 역할을 한다.

어느 회사는 팀장과 팀원, 팀원들 간 서로가 업무를 요청할 때 바로 "네 알겠습니다."하고 대답하기보다 5분 정도 시간을 갖는다고 한다. 스스로 이해한 말을 상대에게 설명하여 제대로 이해했으면 "네, 그렇게 하겠습니다."로 대답하고, 만약 요약한 것이 다르다면 다시 일의 WHY를 주고받는 식으로 업무를 공유한다. 무조건적 수용이 아닌 이해를 기반으로 한 공유이다. 팀장의 업무 해석과 팀원의 요약은 서로가 일의 방향을 이해했음을 확인시키는 것이고, 일의 결과물에 대한 확신을 주는 것이다. 만약 팀장의 업무 해석이 없고, 팀원의 요약이 없다면 어떻게 될까? 팀장은 팀원이 갖고 온 결과물을 보고, 이게 아니라며 질책하는 눈초리를 보낼 수 있고, 팀원은 재작업을 해야 하기 때문에 원망의 한숨을 쉴 것이다. 뒤늦은 후회에 빠진 팀장과 원망의 한숨을 쉬는 팀원은 추가 작업으로 이어질 뿐이다. 무조건 믿는다 말하지 말고 서로가 일을 해석하고 요약하여 상대방에게 확신을 주자.

팀원의 소통은 타이밍이 전부다

팀원은 자신이 이해하는 일의 WHY를 팀장에게 디브리핑해야 한다. 이때 팀원의 소통은 타이밍이 핵심이다. 다른 사람들과 일하다 보면 팀이 성과를 내지 못하는 것보다 더 답답한 일은 말이 통하지 않는 경우다. 말이 통하지 않는 것은 말하는 스킬이나 말솜씨의 문제도 있을 수 있지만, 오히려 말하는 타이밍을 놓쳐서 그런 경우가 매우 많다. 그래서 완벽히 파악하고 한 번에 보고를 마치겠다는 생각보다 자신이 이해한 상황을 요약해서 여러 번 소통하는 것을 추천한다. 완벽한 보고는 환상이고 머뭇거림은 위험하다. 팀원에게 업무의 진행 상황을 물으면 흔히 '이따가' 보고한다고 하는데, 시계에 '이따가'라는 시간은 없다. 대한민국 팀장 중에 보고받는 걸 싫어하는 사람은 없다. 요즘은 카카오톡, 이메일, 문자 등 도구가 다양하니 자주 보고하는 것을 추천한다.

어느 임원은 자신이 본 완벽한 문서로 한 팀원의 이메일을 꼽았다. 고객 클레임을 받았을 때 발생한 문제, 진행 사항, 부서별 의견과 대처 상황, 향후 조치 사항과 일정을 안내한 이메일이었다. 자신은 그걸 바탕으로 CEO에게 보고했다고 했다. 왜 그 이메일이 완벽한 소통이었냐고 물으니 나중에 일부 내용이 바뀔 수도 있지만, 임원인 자신도 사장에게 보고해야 할 타이밍에 딱 그만큼의 내용이 있었기 때문이라고 했다.

뜻이 통하려면 말을 자주 던져야 한다. 그래서 팀원의 보고는 타이밍이 전부다. 물론 여기서 말하는 '타이밍'은 '심리적 속도감'으로 물리적 시간이 아니기 때문에 정확히 맞추기는 힘들다. 따라서 몇 번에 끊어서 보고하고, 상담하고, 연락하도록 해야 한다. 보고의 타이밍은 일을 시작하기 전, 일하면서, 일 끝내기 전으로 생각하면 된다. 즉, 일하기 전에 팀원인 자신이 파악한 일의 WHY를 요약한다. 그 다음은 일하는 중으로 일을 시작하기 전에 예상과 다른 이슈나 관심을 끌만한 거리가 있다면 팀원은 팀장과 상담한다. 마지막으로, 소통할 타이밍은 일을 끝내기 직전 팀장에게, 마무리하려고 하는데 혹시 처음 의도나 상황과 비교하여 바뀐 내용은 없는지 확인하는 소통을 한다. 다시 강조하지만 팀원의 소통은 타이밍이 전부다.

팀원의 디브리핑은 앞서 말한 대로 일의 목적, 일의 진행 방향과 의도, 업무이해관계자의 예상되는 의견과 행동, 기대 효과 등을 자신의 용어로 정리하여 팀장에게 설명하고 확인 받는 것이다. 팀원의 디브리핑은 짧은 시간 안에 업무에 대한 개괄적인 방향과 현재 이슈를 설명하고 향후 계획에 대한 요청사항과 지원을 얻어내는 방법이다. 짧은 시간 내에 스피치로 관심을 끌어 다음 단계로 원활하게 넘어가야 한다. 주저리주저리 설명하고 우왕좌왕 말하면 팀 전체 회의를 하거나 혼자서 업무 독박을 써야 하는 상황이 온다. 재앙이다.

그렇다면 팀원은 팀장에게 어떻게 디브리핑할까? 디브리핑의 내용은 일의 목적과 배경, 일의 진행 방향과 의도, 업무이해관계자들에게 요청해야 하는 행동, 활용 방안 등으로 구성된다. 이런 내용을 대략 2분 내외로 정리해서 소통한다. 업무 디브리핑 방법을 알아도 몸에 배지 않으면 써먹기 힘들다. 따라서 되풀이해서 스스로 반복하여 행동으로 옮겨봐야 한다. 연습만이 살길이다. 다음 사례를 통해서 디브리핑 방법을 살펴보자. 가정법 IF로 디브리핑 방법을 이해하자.

당신이 다음 사례의 팀원이라면 어떻게 디브리핑할 것인가? 최근 당신이 다니는 회사는 Z세대의 '조용한 사직', 번아웃을 호소하며 퇴사하는 중견 사원들이 증가하고 있다. 가뜩이나 회사에 연령이 높은 팀장들이 많아져 꼰대스러워지는 회사 문화가 걱정이었다. CEO도 이런 배경을 잘 알고 계셨는지 갑자기 인사팀장과 인사팀원인 당신을 불러 이런 저런 퇴사와 사원들의 일하는 문화에 대한 이슈를 꺼내셨다. 그러고는 회사의 조직문화를 어떻게 개선할지 방향을 고민해본 뒤 1차 보고를 지시하셨다. CEO방에서 나와 인사팀으로 돌아가는 동안 팀장이 어떻게 했으면 좋겠냐고 묻는다면 어떻게 디브리핑해야 할까? 앞서 말한 대로 디브리핑 방법을 활용한다면 다음과 같이 정리할 수 있다.

> CEO께서 말씀하신 대로 현재 Z세대 팀원들의 퇴사와 중간관리자들의 번아웃이 늘어나고 있습니다.(문제)
>
> 이를 해결하려면 조직문화 개선 캠페인이 필요합니다.(의도)
>
> 짐작으로만 조직문화 개선방안을 세울 수 없으니, 임원 두 분, 팀장 세 분, Z세대 다섯 명에게 이메일로 의견을 청취하여 개선과제를 대략 정리하고자 합니다.(상황)
>
> 다른 팀원에게 타사의 조직문화 개선사례를 정리하도록 요청하겠습니다.(요청 1)
>
> 이런 내용들을 1페이지 분량으로 초안을 작성하여 의논드리겠습니다.(할 일)
>
> 이를 바탕으로 팀장님과 대안의 내용, 일정, 예산 등을 결정하시면 어떨까요?(요청 2)
>
> 1페이지 개선안은 이따 오후 5시까지 보내겠습니다.(기한)

이와 같은 디브리핑으로 당신은 팀장에게 2가지를 요청하고 자신의 업무를 챙겼다. 첫 번째 업무 요청은 다른 팀원에게 타사 조직문화 개선 사례를 정리하도록 업무를 지시해달라는 것이고, 두 번째 업무 요청은 대안을 살펴보고 실행여부를 결정해달라는 것이다. 그리고 당신은 다른 사람들의 의견을 모아 1페이지로 정리하는 일을 맡게 된다.

물론 이렇게 하지 않고 팀장이 당신의 의견을 물어볼 때 얼버무리고 자리로 돌아와버려 팀 전체회의를 하고, 결국 시키는 대로 일하는 방법도 있다. 그렇게 되면 업무시간은 길어지고, 당신은 어떤 업무를 맡게 될지 모른 채 억지로 맡겨진 업무를 하게 될 수 있다.

일에 '그냥'은 없다. 어떤 일이 시작될 땐 반드시 이유가 있고, 일을 요청한 사람의 생각이 있다. 우린 그걸 의도라고 한다. 그리고 어떤 일을 할 때 성과를 내려면 순간마다 과정마다 판단을 해야 한다. 우린 그걸 의중이라고 한다. 결국은 일을 요청한 사람의 의도와 일하는 사람의 의중이 맞닿을 때 일의 WHY가 일치되었다고 보면, 그런 과정을 일을 '번역한다' 또는 일을 '디브리핑한다'고 할 수 있다. 팀장의 번역과 팀원의 디브리핑은 왜 그 일을 그 시점에 요청하는지, 어떤 결과를 기대하는지, 어떻게 하길 바라는지를 서로 공유하는 방법이다. 일의 번역과 디브리핑이라는 능동적인 방법을 통해서 자신의 실력을 쌓는 도구로 삼을지, 아니면 시키는 일만 해서 어떻게든 넘어가는 수동적 대처를 할지는 본인의 선택이다.

팀장과 팀원이 한 방향의 전략이 되려면

/

팀장은 가설을 세우고, 팀원은 데이터로 증명하자

가설과 분석이 서투르면 성과가 설익는다

팀장 대상 강의를 마치니 교육 담당자가 나와 수강생들에게 교육 만족도와 내년도 교육 방향에 대해 설문조사를 한다. 수강생들에게 협조를 요청하자 설문지 답변서를 발송하는 문자의 알림음이 교육장에 울린다. 설문조사 내용을 얼핏 보니 마지막 빈 칸에 내년도에 듣고 싶은 내용, 원하는 강사, 교육 시작 시기 등을 자유롭게 적으라고 되어 있었다. 보통 회사에서 실시하는 교육은 개인의 취향과 취미를 반영하는 교육이 아닌, 회사에서 내년도 성과를 내기 위해 필요한 역량을 확보하는 교육 또는 조직문화를 개선하는 것이 목적인데, 자유롭게 써달라는 말은 지나치게 범위가 막연하다고 생각했다. 담당자에게 수강생들이 어떤 교육을 원한다고 답했냐고 물으니 1순위는 재테크라고 답했다. 수강생들이 만족하는 교육을 제공하고 싶어서 설문조사를 했다지만, 교육의 목적을 무시한 채 설문 양식을 만드는 참으로 서투른 방법이라고 생각했다.

위 사례는 어느 회사의 한 예지만 우리 팀은 위 회사와 달리 전략과제를 잘 만들고 있을까? 자신의 방법은 서투르지 않다고 말할 수 있을까? 그저 작년의 전략과제를 가져다가 표현만 살짝 바꾸는 식은 아니었나? 전략과제는 무엇이고, 어떤 것들이 있는지 살펴보자.

전략과제(Critical Sucess Factor)는 올해 성과 달성을 위해 우선적으로 해결할 문제이다. 전략과제는 성과를 달성하기 위해 분석한 요인 중 우선적으로 집중하고 관리할 내용을 과제로 만든 것이다. 예를 들어 다이어트를 하려고 분석해보니 근육량을 늘리고, 식단을 조절해야 한다면 근육량 증가, 식단 조절 등이 전략과제가 된다.

팀의 전략과제는 3가지 종류가 있다. 성과를 달성하는 데 직접적으로 연결되어 있고, 우선순위가 높은 혁신과제, 팀의 업무 분장 등을 근거로 하는 본연과제, 다른 부서나 다른 팀원의 성과를 달성하기 위해 지원해줘야 하는 동료기여과제가 있다. 예를 들어 새로운 사업에 진출하는 회사의 인사팀이라면 인력을 채용하는 '신사업 인력 확보'가 혁신과제이고, 주기적이고 정기적으로 채용하는 '신입사원 채용'은 본연과제, 새로운 사업에 진출하는 기획팀의 교육을 설계하고 운영하는 '기획 역량 교육' 등은 동료기여과제이다. 어떤 회사는 팀장들이 5년째 똑같은 전략과제를 쓴다고 했다. 5년째 팀이 바뀌지 않았으니 그동안 똑같은 전략과제와 핵심성과지표(KPI, Key Performance Indicator)를 쓴다고 했다. 이것은 앞서 설명한 본연과제에만 해당하는 것으로 변화하는 환경이나 고객의 요구사항에 적절히 대응한다고 볼 수 없다. 즉 본연과제는 업무 분장, 직무 기술서 등을 근거로 도출되지만, 혁신과제나 동료기여과제는 업무환경 분석과 고객 요구사항 등과 팀 내외 협업 관련 이슈를 바탕으로 만들어야 한다.

팀장과 팀원이 전략과제를 선정하는 것은 매우 중요하다. 왜냐하면 팀장과 팀원이 함께 지난 1년의 성과와 전략을 돌아보고, 다가올 1년 동안 어떤 과제를 우선적으로 실행할지, 우리 팀이 1년을 어떻게 살지를 정하는 공감과 토의의 시간이기 때문이다. 그렇다면 팀장과 팀원은 어떻게 전략과제를 만들어야 할까. 다시 말해 팀장과 팀원이 전략과제를 제대로 뽑으려면 각자 어떤 역할을 수행하고 어떤 단계를 거쳐야 하며 서로 어떻게 엮어야 하는지 살펴보자.

팀장은 컨설턴트, 팀원은 애널리스트

제대로 된 전략과제를 만들려면 팀장은 팀에서 셰프이자 컨설턴트 역할을 해야 한다. 팀장은 팀원이 제출한 과제를 나열하고 우리 팀이 일을 많이 한다는 것을 보여주는 '쇼맨'이 아닌, 팀이 성과를 내는 요인을 바탕으로 가설적인 과제를 제안하는 컨설턴트의 역할을 해야 한다.

팀장은 우선 전년도 성과를 분석하고, 변화하는 업무 환경과 경쟁사의 동향을 파악하여 성과를 내기 위한 가설적인 전략과제를 세우고, 팀원들에게 이를 데이터로 검증하도록 안내하여 팀원들의 관심을 모아야 한다. 팀장은 목표를 달성하기 위한 임의의 해답을 팀원에게 제시하고, 팀장이 제시한 가설적인 전략과제는 팀원의 분석을 통해 검증해야 한다. 팀장은 가설을 만들고, 팀원은 분석을 한다. 팀장이 가설을 주고 팀원이 데이터와 사례로 증명하면, 전략과제는 공감대를 갖게 되고 실행의 속도는 빠르게 된다. 팀장 혼자 과제를 정하거나 적당히 넘기지 말고, 팀장은 가설을 세우고 팀원은 데이터로 검증하여 의미 있는 과제를 찾아내자.

팀원은 전략과제를 만들기 위해 분석가의 역할을 수행해야 한다. 예를 들어 인사팀장과 인사팀원으로서 전략과제를 만들어보자. 최근 회사에서 퇴사자가 늘어난다면 어떤 전략과제를 만들어야 할까? 가설은 다음과 같은 빈칸 채우기로 만들어 팀장과 팀원이 서로의 의견을 모아본다. 즉, '퇴사자가 늘어나는 이유는 [   ]이다'라는 식으로 빈칸을 만들고, 여기에 서로의 의견을 채워본다. 빈칸에는 다음처럼 개인의 경력 개발, 경쟁사의 공격적 채용, 소속 팀장과의 갈등 같은 식의 가설이 가능하다. 퇴사 이유로 토의한 '경력 개발', '경쟁사 채용', '팀장과의 갈등' 등의 가설을 퇴사자 채용, 경쟁사 이직 수, 팀장과의 갈등 여부 등의 데이터로 검증한다. 이처럼 팀원은 팀장과 함께 가설을 채우고, 관련 데이터를 분석하는 데이터 분석가의 역할을 수행한다. 또한 팀원은 숫자로만 파악하지 말고 현장에서 다른 팀원이나 고객들을 만나 살아 있는 이슈를 채집해야 한다. 앞서 제시한 사례에서 인사팀원이라면 퇴사자 수나 이직 인원수만 헤아리지 말고, 퇴사자를 직접 만나 이야기를 나눠보고 우리가 고칠 점이 무엇인지 파악한다. 다른 사례로 영업사원이 매출이 떨어지는 이유가 지연되는 A/S 응대 때문이라는 가설이라는 세웠다면, A/S 응대 시간을 분석하는 것을 넘어서 직접 고객을 만나 인터뷰해보는 것도 팀원의 역할이다. 팀장은 팀원의 참여를 이끌어내고 팀원과 의논하여 임의의 해답을 세우는 컨설턴트의 역할을, 팀원은 함께 가설을 챙기고 데이터를 분석하며 현장에서 살아 있는 이슈를 수집하는 분석가로서의 역할을 수행한다. 그럼 구체적으로 전략과제를 만드는 방법과 단계인 4차원 분석을 알아보자.

전략과제의 레시피인 4차원 분석

앞서 설명한 팀장과 팀원은 4차원 분석을 통해 혁신과제, 본연과제, 동료기여과제를 만든다. 4차원 분석은 전년도에 팀이 달성한 성과를 분석하는 팀 성과 차원, 팀을 둘러싼 법적 기술적 환경의 업무 환경 차원, 고객이 요청하는 불편과 불만을 분석하는 고객 차원, 동종 업계의 경쟁사 동향을 분석하는 경쟁 차원으로 나누어 분석하는 것을 가리킨다. 4차원이라고 이름을 붙인 것은 이렇게 4가지로 나눠서 분석하기 때문이다.

4가지 차원 중 먼저 성과 분석을 알아보자. 여기선 성과 분석을 전년도, 즉 직전 1년간 성과로 정한다. 전년도 성과 분석은 전년도 팀 성과에 결정적인 영향을 미쳤던 요인을 찾아낸다. 즉, 전년도에 성과를 달성했다면 어떤 과제를 잘 수행해서 성과를 냈는지, 반대로 성과를 미달성했다면 어떤 과제를 놓쳤는지 등을 찾아낸다. 어떤 과제는 성과에 영향을 미치는 요인을 관리했다는 뜻으로 잘 수행했다는 판단은 어떤 요인을 관리했는지 등을 찾아내는 것이다. 예를 들어 영업팀이라면 매출액은 어느 정도 달성했는지, 달성한 매출액의 주요 고객은 누구였는지, 지역별로는 매출액이 어느 정도였는지, 상품별 비중은 어땠는지 등을 쪼개어서 살펴본다. 여기서 쪼개서 분석하는 이유는 달성한 성과의 주요 타깃을 찾기 위함이다. 팀이 달성한 성과의 주요 타깃이 누구인지를 찾아내야 성공적인 성과 분석이 된다. 전체 성과의 80%를 차지하는 20%의 타깃을 찾아야 한다. 여기서 타깃은 단순히 고객이 아닌 요인이다. 흔히 타깃이라면 어떤 특정 고객을 떠올리는데 그건 다소 한정적이다. 타깃을 1개의 특정 고객보다 그루핑 같은 방법으로 고객 계층을 묶는 것도 효과적이다. 단순히 과제의 수행 여부를 점검하는 것이 아니다. 성과분석은 전년도 성과의 과제 수행 여부 점검(Checking)이 아닌 전년도 성과에 영향을 미친 요인 탐색이다.

다음은 업무환경 분석이다. 팀이 맡고 있는 업무와 관련된 법의 변화, 업계의 변화, 기술 동향 등으로 나눠서 최근 1년간 변화된 사례, 기사, 전문 보고서 등을 탐색한다. 자료는 주요 경제연구소의 문헌, 경제신문의 관련 기사, 외부 전문가들의 도서 논문 등을 근거로 한다. 예를 들어 우리 팀이 화학회사의 생산팀이고 최근 안전 환경 등의 강조로 화학물질관리법, 화학물질의 등록 및 평가 등에 관한 법률이 강화되었다면, 그 법이 어떤 내용인지 우리에게는 어떤 조항이 해당되는지 등을 정리한다.

다음 고객 분석은 주요 예외 사항을 분석한다. 고객 분석은 통상적으로 업무를 처리하는 프로세스를 벗어나는 고객의 요구사항, 불편사항, 불만사항을 정리하여 우선순위가 높은 것들만 추려낸다. 즉 고객의 불편과 불만 분석이다. 여기서 고객은 외부 고객이 아니라 우리 팀의 업무 고객 즉, 팀의 후행 부서 또는 팀원 개인의 고객이다. 예외 사항은 한 해 동안 일하면서 내 고객들이 주로 불편하게 느꼈던 사항이나 일하면서 힘들었던 사항, 팀이 일하는 프로세스와 규정에 어긋나는 사항 등을 수집하여 순위를 매겨본다. 예를 들어 신속한 처리, 중복된 데이터 요청, 반복된 돌발 업무 요청, 마감 일정의 빈번한 조정 등이다. 구체적인 예를 들어보자. 우리 팀은 회계팀이다. 우리 회계팀은 통상 월 마감을 30일에 한다. 그런데 최근 6개월간 월 마감 날짜를 자꾸 어긴다면 이는 예외 사항이 된다. 즉, 월 마감이 지연되어 월 마감을 5일 이상 넘긴다면 그 이유를 순서대로 살펴봐야 한다. 월 마감 지연 분석 결과 경영지원팀의 관리비 마감, 인사팀의 인건비 마감은 29일에 제대로 접수되어 일정을 준수하는데, 영업팀의 매출 마감에서 장기신용고객의 매출 마감이 지연되는 것으로 파악되었다. 그렇다면 장기신용 고객의 매출 마감 프로세스는 별도의 과제로 선정할 수 있다. 또는 관리비/인건비 마감과 영업 마감으로 나눠서 업무 프로세스 과제 등을 찾아낼 수 있다. 이처럼 업무의 예외 사항인 고객의 불편과 불만 분석을 통해 나온 과제들은 주로 팀 내부 프로세스와 팀원의 일하는 방법에 대한 개선과제로 선정할 수 있다. 주로 팀장과 팀원이 간단한 토의, 워크숍 등으로 고객 불편과 불만, 예외 사항 등을 토의하여 찾아낸다. 불만은 사소한 것에서 비롯된다. 고객의 불만을 파악하고 그에 대한 해답을 찾는 것이 팀에서 우선해야 하는 과제 중 하나이다.

끝으로 경쟁사 분석이다. 경쟁사 분석은 팀의 전략과제를 찾는 아이디어를 얻는 차원에서 실시한다. 동종 업계의 경쟁사나 이업종이라도 우리가 수행하는 업무에 대한 아이디어를 얻을 수 있는 대상을 선

사례 3-1 영업팀의 4차원 분석

영업팀 목표	• 과제명은 상품 구성의 다양화이고, 과제의 목적 달성 여부를 확인할 수 있는 KPI는 상품별 수익률이며, 달성할 정도는 전년도 수준 23%에서 올해 수준 25%이다. • 선정된 이유는 영업팀의 매출과 수익률에 가장 큰 영향을 미치기 때문이다.

구분	데이터 분석	요인 판단	과제 선정
성과차원	유통 채널별, 아이템별 판매 비중과 수익률 차이 발생 판매율 / 수익률 직영 도매 소매 직영 도매 소매 아이템 1 10% 15% 75% 20% 41% 19% 아이템 2 25% 50% 20% 19% 38% 19% 아이템 3 65% 35% 63% 17% 38% 21%	직영, 아이템 3 수익률 제고 도매, 아이템 2 판매 강화 소매, 아이템 3 판매 유지	√ 직영, 아이템 3 수익률 제고 √ 도매, 아이템 2 판매 강화
환경차원	유통 관련 외곽 상권 보호 법령 강화 (22년 6월) 아이템 1 공급 업체 직접 매장 확대 예정 (22년 하반기) 소매업체의 자체 할인 행사 강화	유통 관련 법규 밀착 대응 아이템 1 상품 구성 조정 소매, 정상가 판매 유도	유통 관련 법규 밀착 대응
고객차원	1순위는 직영 매장 판매 교육 강화 2순위는 도매업체의 다양한 상품 공급 요청 3순위는 소매 수익률 조정 요청	직영, 판매 교육 강화 도매, 상품 구성 다양화 소매, 수익률 조정	√ 직영, 판매 교육 강화
경쟁차원	A사, 개인 맞춤 시뮬레이션 서비스 강화 예정 (21년 12월 경제지) B사, 공급사-도매상-소매상 간 가족사 금융 할인 프로그램 출시 (21년 ○○협회 소식) B사, 체인점 제휴 서비스 확대 (22년 12월 교류회)	개인 서비스 프로그램 다양화 가족사 할인 프로그램 출시	개인 서비스 다양화

※ 과제 선정에서 √가 선정된 과제이고, 다른 과제들은 일단 보류한다.

정해서 조사한다. 주로 업계 내 세미나, 부서 간 교류회 등을 활용해서 무엇을 하는지, 어떤 일에 관심을 두고 있는지 등을 살펴본다. 사례 3-1은 영업팀의 4차원 분석 사례이다.

팀장과 팀원은 전략과제를 만드는 4차원 분석을 5단계로 진행한다. 1단계는 팀장이 팀 목표를 공유한다. 팀장은 팀원들과 함께 팀 목표 달성을 위한 전략과제를 만들기 위해 팀의 목표가 선정된 배경을 설명한다. 팀 목표가 선정된 이유를 공유한다는 것은 팀이 1년 동안 어떤 사업 방향으로 인력과 예산을 투자할지를 아는 것이다. 팀 목표를 공유해야 전략과제를 만들 때 사업 방향에 해당하는 과제를 선정할 수 있고, 우선순위를 정할 수 있기 때문이다. 팀 목표를 공유했다면, 팀장과 팀원은 무턱대고 데이터를 분석하기보다 팀 목표를 달성하기 위한 가설적인 전략과제를 선정한다. 이는 효율적인 데이터 분석을 위한 사전 준비이다. 예를 들어 영업팀이 매출액 상향을 목표로 정했다면, 주요 채널의 판매량에 가장 큰 영향을 미칠 것을 가설적인 전략과제로, 주요 채널 판매량 제고처럼 임의로 전략과제를 선정하는 것이다. 가설적인 전략과제는 팀원들의 의견을 모으고 데이터를 분석할 때 효과적이며, 데이터 분석을 통해 효과가 없다는 판단이 서면 변경할 수 있다. 예를 들어 성과분석에서는 전년도에 성과를 낼 수 있었던 이유가 무엇인지를 서로 토의한다. 영업팀이라면 가격의 경쟁력인지, 판매채널을 잘 관리했는지 등을 각자 정리한다.

2단계는 데이터 수집과 분석이다. 설정된 임의의 과제인 가설과제를 중심으로 데이터를 수집하거나 사례를 정리한다. 전략과제를 도출하기 위한 데이터는 노력하지 않는 이상 외부에서 찾기 힘들다. 따라서 월별로 수집된 데이터를 찾는다. 성과 분석은 전년도에 달성한 성과 달성률 뿐만 아니라 실행한 전략을 따져본다. 즉, 성과 분석은 목표 대비 달성한 성과 간 비교와 실행한 전략을 살펴본다. 전략을 살펴본다는 것은 처음 목표를 달성하기 위해 자신이 생각했던 성공 요인과 장애 요인이 어느 정도 적중했는지 등을 따져본다. 성과를 내는 데 진짜 영향을 발휘한 성공 요인이었는지, 아니면 관심만 끌고 실제 작용하지 않은 요인인지 등을 검토한다. 예상했던 장애 요인이 정말 성과의 장애물로 작동했는지 살펴본다. 검토를 통해서 앞으로도 관리할 요인들을 선정하는 것이 핵심이다. 애먼 곳에 헛심을 쓸 필요가 없기 때문이다. 예외 분석도 일상적 업무 프로세스를 벗어난 업무 처리 상황, 고객들의 불만과 불편사항을 불러온 데이터를 정리한다. 환경 분석은 관련된 법적 변화 기사, 외부 보고서, 전문가 의견 등을 취합한다. 끝으로 경쟁사는 무엇을 하는지와 같은 내용을 추가한다.

3단계는 수집된 데이터와 사례 등을 바탕으로 팀장과 팀원이 함께 요인을 판단한다. 즉, 수집된 데이터를 살펴서 목표 달성에 긍정적 요인을 미치는 성공 요인인지, 성과를 내는 데 걸림돌과 같은 부정적 요인인지를 분석한다. 분석에는 숫자를 중심으로 분석하는 정량 분석과 인터뷰, 고객 목소리를 분석하는 정성 분석이 있다. 먼저 정량 분석 방법에는 비교 분석, 시계열 분석, 산포도 분석, 인수분해 분석 등이 있다. 비교 분석은 두세 가지를 비교하여 차이점 또는 공통점이 어디에 있는지 등을 주목한다. 시장점유율, 매출, 비용, 가격 등을 비교하거나 설문조사 등을 통해 수치화하는 데 사용한다. 시계열 분석은 시간의 경과에 따라 어떻게 변화되는지를 분석하는 방법이다. 대부분은 최근

2~3년 사이에 매출액이 늘었는지, 점유율이 확대되었는지 등을 신경 쓸 뿐 5년 또는 10년 단위의 변화를 살펴보는 경우가 드물다. 시계열 분석은 특히 환경 분석에서 비교하면 법적, 기술적, 사회 문화적 변화 등에 대한 추이를 살펴볼 수 있어 유용하다. 산포도 분석은 여러 현상에 대해 상관관계가 있는지 혹은 특이한 점이나 별다른 점이 있는지를 알아낼 때 유용하다.

4단계는 3단계에서 찾아낸 성공 요인과 장애 요인을 어떻게 다룰지 결정하여 과제로 만든다. 3단계에서 찾아낸 모든 요인을 다 과제로 만들면 효율성이 떨어지기 때문에 팀장과 팀원은 의논하여 성공 요인은 강화하는 과제로, 장애 요인은 위험을 회피하는 과제로 결정한다. 팀의 예산, 시간, 인원 등을 고려해서 성과를 내는 데 가장 결정적인 영향을 미칠 과제를 우선순위로 선택한다. 팀장과 팀원은 각각 과제를 7개 내외로 정한다. 간혹 어떤 팀은 20개 내외로 설정해서 가중치 5%를 부여하여 팀원의 모든 업무를 목표 설정서에 다 집어넣는데, 이는 팀원을 통제하려는 의도가 드러나 팀원은 결코 능동적으로 일하지 않는다. 반면 다른 팀장은 팀원의 과제를 3~4개 정도로 정해 가중치를 최소 25% 내외로 설정하는데, 이런 경우는 팀원이 하나의 과제라도 관리하지 못하면 성과를 달성하기 어렵다. 따라서 팀장은 팀원의 과제별 가중치를 10~15% 정도로 설정하여 각각 7개 내외가 되도록 한다. 7개 전략과제는 혁신과제 2개, 본연과제 3개, 동료기여과제 2개 정도로 구성한다. 만약 3단계에서 찾아낸 과제가 많다면 다음 기간에 다시 한번 요인을 검토하고 과제로 결정한다. 다시 말해 성과 달성의 변화를 살펴 다음 기간에 다른 과제로 교체하면 된다.

5단계는 선정된 과제들의 핵심성과지표를 정한다. 핵심성과지표를 만드는 방법은 다른 장에서 설명하겠다. 정리하면 팀의 전략과제를 만드는 방법은 다음과 같다. 그림 3-1에서 좌측은 팀장이 할 일이고, 우측은 팀원이 할 일이다. 전체 단계는 팀장이 주도하되 팀장도 팀원이기 때문에 자료 취합이나 사회자 역할만 하지 말고 현장의 이슈 체크, 활발한 의견 제안을 하여 최종적으로 전략과제를 선정한다.

2012년 컬럼비아 대학의 프란츠 메설리(Franz H. Messerli)는 〈초콜릿 소비, 인지 능력 및 노벨상〉이라는 논문을 발표했다. 연구 결과는 초콜릿 소비량이 높은 나라에서 노벨상을 많이 받게 된다는 것이었다. 실제로 국민 1인당 연간 초콜릿 소비량과 국민 1,000만 명당 노벨상 수상자 수를 분석하니 확연하게 초콜릿 소비량과 노벨상 수상자 사이에 상관관계가 있는 것으로 나타났다고 한다. 하나의 변수가 증가할 때 다른 변수가 증가하니 꽤나 그럴 듯하게 관계가 있어 보이지만, 초콜릿을 많이 먹으면 노벨상을 받을 것이라고 생각하는 사람은 그리 많지 않을 듯하다.[1] 과제를 도출하기 위해서 무작정 분석하기보다 가설을 갖고 분석해야 하지 않을까 싶다. 팀장과 팀원은 성과를 달성할 수 있는 과제에 대한 가설을 세우고 데이터로 분석하여 근거를 찾아 그럴 듯하게 상관있어 보이는 과제가 아닌, 실제적으로 성과에 영향을 미치는 전략적인 과제를 찾아야 할 것이다.

덧붙이자면, 항상 최선을 선택하는 것은 차선을 만드는 데 방해가된다. 다시 말해 최선을 선택하려고 망설이다 당장 할 수 있는 차선을 실행하지 못한다는 것이다. 그래서 많은 사람들이 최선의 안을 찾다가 최악의 선택을 하는 것이 아닌가 싶다. 장고 끝에 악수를 두는 격이다.

그림 3-1 전략과제를 만드는 4차원 분석의 5단계

1 팀장은 팀 목표를 공유한다.
- 팀 목표가 선정된 이유
- 팀 목표를 달성하기 위한 가설적 전략과제를 정하고 공유

2 4D 분석 방법을 설명한다.
- 4D 분석의 목적, 단계, 단계별 포인트를 설명한다.
- 특히, 분석의 방향과 조사 범위를 한정 짓는다.
  - 팀원들에게 팀 목표와 관련된 데이터와 분석의 범위를 정하여 분석이 데이터 수집에 지나치게 시간을 낭비하지 않도록 한다.

3 4개 차원에서 분석하고, 요인을 발굴한다.
- 전년도의 성과 달성에 기여한 요인을 발굴한다.
- 올해 법적, 기술의 변화 등 업무환경의 데이터, 사례를 수집한다.
- 고객별로 불편사항/불만사항을 정리한다.
- 동종업계의 새로운 제도 또는 시스템 도입 등 업계의 동향을 정리한다.
- 데이터와 사례를 보고, 요인을 리스트로 선정한다.

4 전략과제를 선정한다.
- 팀장은 팀의 전략과제와 팀원의 전략과제 간 관계를 살펴본다. (인과관계, 선후관계)
- 전략과제는 7개 내외로 선정한다.

4 전략과제를 추천한다.
- 팀원은 전략과제를 7개 내외로 추천한다.
- 전략과제는 혁신과제 2개, 본연과제 3개, 동료기여과제 2개로 선정한다.

5 과제별 핵심성과지표를 합의한다.
- 과제에 대한 배경과 이유를 의논한다.

5 과제별 핵심성과지표를 합의한다.
- 과제를 실행하며 예상되는 어려움 또는 지원요청사항을 의논한다.

가설 세우고 데이터 분석하고 전략과제를 고르면 최고로 좋겠지만, 늘 그런 정도를 실천할 순 없다. 차선으로 70~80% 정도의 가능성이 있을 때 과제로 선택하여 실천하고 다음 목표를 세울 때 수정 보완하면서 과제를 선택하자.

팀장은 목표의 설계도를 그리고, 팀원은 스토리텔링하자

스마트하지 못한 S.M.A.R.T 목표 설정

목표는 개인이나 조직이 장래의 어떤 시점에 성취하기를 기대하는 결과물이나 상태를 말한다. 예를 들어 사람들은 대부분 행복하기를 바란다. 그러나 어떤 이의 행복은 돈이 많은 상태일 수 있고, 다른 어떤 이의 행복은 가족들과 함께하는 여행일 수 있다. 여기서 행복은 성취하기를 기대하는 바인 목적이고, 돈이나 가족 여행은 목표이다. 목표 설정 이론에 따르면 목표가 있으면 동기와 행동에 영향을 미친다고 한다. 다시 말해 목표가 있으면 일에 대한 몰입도가 높아지고, 목표를 이리저리 궁리해서 전략적인 행동을 하게 된다는 뜻이다. 결국 목표란 팀장에게는 일의 우선순위와 자원 투입의 기준이며, 팀원에게는 평가의 기준이자 몰입의 도구이다.

대부분 목표는 일정 기간 동안 업무를 맡기는 과정에서 설정한다.

목표는 수행해야 할 업무, 그 업무에서 성취하고자 하는 목적을 확인할 수 있는 지표, 어느 정도 달성했는지를 가늠할 숫자로 이루어진다. 예를 들어 우리가 주식 투자의 목표를 설정한다고 가정하자. 그리고 주식 투자를 통해 수익률을 10% 높이려고 한다면 목표 설정은 어떻게 할까? 주식 투자의 목표는 3가지를 갖추어야 한다. 과제는 '주식 투자 관리 강화'로, 주식 투자를 통해서 수익률을 높이고 싶고, 달성하고자 하는 수준은 10%를 겨냥했으니, '주식 투자 관리 강화', '주식 투자 수익률 10%'로 설정한다. 목표를 설정한다는 것은 전략과제, 핵심성과지표, 기대수준으로 정한다는 의미이다. 예를 들어 돈을 벌기 위해 주식 투자의 목표를 세운다면, 전략과제는 주식 관리 강화와 수익이라는 목적 달성 여부를 확인할 지표가 주식 투자 수익률이며, 기대수준은 15%로 구성된다.

보통 목표를 정하면 S.M.A.R.T.의 기준을 안내한다. 여기서 S.M.A.R.T.는 Specific(구체적인), Measurable(측정 가능한), Achievable(성취 가능한), Realistic(현실적인), Time-bound(기한이 정해진)의 앞 글자를 모은 것이다.(R을 현실적인의 'Realistic' 말고 관련성 있는 'Relevant'를 쓰기도 한다.) 즉, 목표는 광범위하지 않고 구체적이어야 한다는 것이고, 주관적이지 말고 객관적이어야 하며, 통상적 수준이 아닌 성취 가능한 수준이어야 하고, 독립적이기보다 관련성 있는 내용을 설정해야 하며, 무기한이 아닌 기한을 정해야 한다는 뜻이다. 영어 smart의 뜻은 '슬기로운'인데, SMART한 목표 설정 기준은 좀 어리석다. 그렇다면 좀 더 현명한 목표 설정의 원칙은 무엇일까?

목표는 신뢰성, 타당성, 수용 가능성을 지켜 설정한다. 즉, 목표는 눈에 보이게, 전략적으로 연계되게, 자신의 업무 범위 내에서 설정한다. 즉 누구나 정확하게 믿고 인식할 수 있는 신뢰성(Reliability), 부서의 목표와 전략적으로 연계되는 타당성(Validity), 업무를 수행하는 사람이 통제할 수 있는 수용 가능성(Acceptability)을 말한다. 우선 신뢰성은 팀장과 팀원 중 누가 보든지 똑같이 인식하고, 결과를 예측할 수 있도록 설정한다는 의미이다. 목표를 신뢰성 있게 설정하는 방법으로는 목적 달성 여부를 확인할 수 있도록 숫자로 나타내는 것이다. 또 다른 방법으로는 건물의 모형도나 설계도처럼 건축주가 보든지, 현장 소장이 보든지, 현장 인력이 보든지 같은 모습으로 받아들일 수 있도록 건물 층수, 방의 개수, 방의 크기, 거실의 크기 등으로 나타내듯 목표를 구성하는 요소와 목적을 이룬 상태, 조건 등을 세부적으로 정하는 방법이 있다. 즉 신뢰성 있는 목표는 숫자로 설정하거나 목표를 목적이 성취된 상태, 조건 그리고 구성 요소 등 의도적으로 정한 것이다. 일의 목적을 숫자로 정하기 어렵기 때문에 목적을 이룬 상태와 조건 그리고 구성 요소 등을 세부적으로 나타낸다. 영화를 촬영할 때 만드는 콘티도 각 장면마다 해야 할 배우의 대사, 카메라 구도, 조명 배치와 강도, 배경 조건 등을 미리 정하는 목표 설정의 한 사례이다. 100명이 넘는 스태프와 배우가 한뜻으로 집중하여 어떻게 촬영해야 하는지 방향을 이해하려면, 단순히 숫자로 나타내기보다 찍어야 할 장면과 내용에 대한 상태, 조건을 구체적으로 설정하고 작업에 들어가는 것이 좋기 때문이다. 이처럼 숫자, 설계도, 콘티 등은 목표의 신뢰성을 확보하는 사례이다.

목표의 타당성은 팀원 목표와 팀 목표가 전략적으로 연계되어야 한다는 뜻이다. 즉, 팀원의 목표는 팀 목표에, 팀 목표는 사업부 등 상위

조직의 목표에 기여해야 한다는 뜻이다. 예를 들어 팀의 목표가 고객 수 곱하기 가격으로 이루어진 매출액을 높이려면 팀원의 목표는 고객 수 등으로 설정하여 인과관계를 높이는 것이다. 이 경우 팀장의 목표는 매출액, 팀원의 목표는 고객 수로 설정한다. 이처럼 목표 간 전략적 연계는 선행 조건과 후행 결과 또는 과제의 원인과 과제의 결과 식으로 연관을 짓는다.

간혹 팀장과 팀원의 목표를 설정할 때 팀장의 목표를 팀원의 인원 수 그대로 n분의 1로 나누어 이를 전략적 배분이라고 하는데, 그건 전략이 아니라 목표를 인원수로 나눈 n분의 1일뿐이다. n분 1이 전략이 아닌 이유를 축구에 비유해서 설명해보겠다. 축구팀 선수 11명에게 우리 팀의 목표는 우승이니까 똑같이 선수 1명당 1골씩 넣자는 식으로 배분하면 어떻겠는가? 이 방법에는 어떻게 이기겠다는 작전이 없다. 팀의 목적을 달성하기 위해서 팀원들에게 어떻게 배분해야 하는지는 '5 팀장은 공정하게 배분하고, 팀원은 목표의 퍼즐을 맞추자'에서 설명하겠다.

끝으로 목표의 수용 가능성은 업무를 수행하는 사람이 직접적인 영향력을 발휘하거나 관리하고 통제할 수 있는지를 가리킨다. 팀장은 팀의 업무 영역에서, 팀원은 자신의 업무에서 실행하고 관리할 수 있어야 한다. 가끔 보면 팀장이 목표 전체를 관리하고 팀장의 목표를 그대로 팀원에게 하나씩 나눠주는 경우가 있는데, 필자는 이런 현상을 목표의 슬라이딩이라고 한다. 즉, 해당 업무의 권한과 책임을 갖고 있는 팀장이 관리하고 작전을 세워야 하는데, 그런 권한과 책임은 팀장이 갖고, 달성할 목표는 팀원에게 그대로 이전된 현상이다. 이처럼 슬라이딩된 목표는 팀원으로 하여금 일에 대한 몰입을 떨어뜨리게 한다. 목표를 달성하려면 업무를 수행하는 직접적인 영역에서 설정해야 한다. 그렇다면 눈에 보이고 전략적으로 연계되며 각자의 권한 범위 내의 목표를 설정하는 방법은 무엇이 있을까? 팀장과 팀원이 신뢰성, 타당성, 수용 가능성 있는 목표를 함께 설정하는 방법은 무엇인가? 팀장과 팀원이 목표를 설정하는 방법은 3가지다. 첫째, 일의 WHY에 대한 변수화, 둘째, 목표의 설계도 그리기, 셋째, 목표를 이야기로 바꾸는 스토리텔링이다.

일의 WHY를 숫자로 바꾸자

일의 WHY는 해결할 문제, 일 시킨 사람의 의도, 업무이해관계자들의 예상되는 행동과 의견, 요청 사항, 기대 효과 등을 말한다. 이런 일의 WHY 중 일을 실행하는 팀원에게 숫자로 제시하는 것이다. 목표의 측정에 집중하지 말고, 이 일을 왜 하는지를 바탕으로 숫자로 만들자. 왜 시작했는지, 무엇을 하려고 했는지를 말이다. 목표는 일 시키는 사람과 일하는 사람 사이의 거래 조건을 정리한 것이다. 목표를 설정할 때 신뢰성, 타당성, 수용 가능성이 반영되는 것은 일의 목적 달성 여부를 확인할 수 있는 지표이다. 즉, 목표 설정에서 핵심은 핵심성과지표이다.

모든 사람들이 행복을 원한다. 그런데 누구는 재산이 많아야 행복하고 누구는 건강해야 행복하다. 따라서 행복하자는 건 삶의 방향이고, 행복 여부를 확인하고 관리할 기준이 필요하다. 이때 수립하는 것이 핵심성과지표이다. 재산이라면 자산액이, 건강이라면 허리둘레 치수나 몸무게가 될 것이다.

핵심성과지표는 일을 수행한 결과가 아닌 목적 달성 여부를 확인할 수 있는 지표이다. 예를 들어 팀이 함께 점심을 먹는다고 가정하자. 점심의 목적이 영양 보충이라면 식당을 섭외하는 팀원의 핵심성과지표는 보양식 제안 수가 된다. 다른 예로 팀이 함께 점심을 먹는 목적이 동료애 강화라면 여유로운 대화가 가능한 식당 섭외 수가 된다. 또 다른 예로 팀이 함께 점심을 먹으며 새로운 맛을 탐색하는 것이라면 새로운 음식 발굴 수가 될 것이다. 이처럼 핵심성과지표는 일의 목적 달성 여부를 확인할 수 있는 지표로 설정한다.

핵심성과지표인 KPI는 Key Performance Indicator의 약어로 핵심성과 달성 여부를 확인하는 지표이다. 흔히들 지표와 지수를 헷갈리는데, 지표와 지수는 다르다. 지표(Indicator)는 목적 달성 여부를 확인할 수 있는 숫자이고, 지수(Index)는 현재 상태를 나타내는 수치이다. 즉, 지표는 조직의 임무, 전략 목표, 성과 목표의 달성 여부를 알아보는 척도로써 성과를 측정할 수 있도록 계량적 혹은 질적으로 나타낸다. 성과지표에 의해 객관적이고 정확하게 성과의 달성 수준을 측정할 수 없는 경우에는 성과관리의 목적을 달성할 수 없기 때문에 성과지표는 성과관리의 가장 중요한 요소가 된다. 관리할 수 없으면 달성할 수 없다.

핵심성과지표는 지표의 속성에 따라 투입지표, 활동지표, 결과지표, 목적지표 등으로 나눌 수 있다. 투입지표는 업무 수행에 투입된 자원을 뜻한다. 예를 들어 경비, 팀원의 근무 시간, 활동 수, 시설, 장비 등을 나타낸다. 얼마나 계획대로 집행되었는지, 하기로 한 일은 실행했는지 등을 파악할 때 사용한다. 활동지표는 업무를 수행하며 실행한 것을 나타낸다. 업무 수행에 단계를 나누어 단계별 과정을 준수했는지 등을 파악할 수 있다. 활동지표는 주로 중장기적 성격을 띠고 있는 일이나 연구개발과 같이 오랜 시간을 필요로 하는 과정에서 활용할 수 있다. 활동지표는 과정 목표로 부를 수 있다. 예를 들어 전략, 기술, 활동 등을 포함하고 주로 관리 시간, 또는 관리 활동 등이 된다. 결과지표는 실행으로 얻게 된 결과를 나타내는 지표이다. 작업량, 결과물 등으로 측정할 수 있다. 예를 들어 개선 수, 해결 수, 서비스 제공 시간 등이며 업무 수행의 결과물이다. 목적지표는 업무 실행 또는 업무 실행 후에 나타나는 효과나 혜택 등을 뜻한다. 즉, 원래 일을 시작할 때 의도했던 효과나 혜택 등을 확인하고 팀장과 팀원이 성취하려고 했던 것을 파악할 수 있는 지표이다. 목적지표는 일이 시작되었던 이유, 배경 그리고 해결하려고 했던 이슈 등의 '일의 WHY'와 밀접하게 관련이 있다. 목적지표라 부른 것도 단순히 일을 통해 얻게 된 결과물을 측정하려는 것이 아닌 의도했던 것들을 얼마나 달성했는지 등을 파악하기 위한 조작된 정의라고 할 수 있다.

예를 들어, 인력 관리 업무에서 지표 속성에 따라 살펴보면 투입지표는 인력 관리 활동 수, 인력 관리 보고 수 등이고, 과정 목표는 퇴사 방지 활동 시간, 면담 시간 등이며, 결과지표는 업무 관련 채택 수, 인력 관리에서 퇴사 인원 수, 평가 면담 불만 해소 수 등이다. 그리고 목적지표는 인력 관리의 주요 목적이 경쟁사로 과장급 인력의 이직을 막는 것이었다면 경쟁사 과장 이직 인원수일 수 있으며, 면담에서 팀장들의 면담 불만을 해소하는 것이라면 '팀장 평가 면담 불만 감소율' 등으로 설정할 수 있다. 즉, 투입지표, 과정 목표, 결과지표는 업무의 효율성과 관련이 있으며, 목적지표는 일의 효과성과 밀접하다.

대부분 효율성을 나타내는 지표는 쓸모없고, 효과성을 측정하는 지표는 쓸모 있는 것으로 주장하는데, 지표는 어느 시점에 누구에게 활용하느냐에 따라 다양하게 필요하다. 연말에 성과를 내기 위해 설정하는 지표는 목적지표로 설정한다. 하지만 연중 단기간에 일의 성과가 나오기 어렵기 때문에 계획대로 집행되는지, 관련되어 노력하는지를 파악하려면 투입지표, 활동지표 등이 필요하다. 특히 팀원이 신입사원이거나 아직 회사 시스템에 익숙하지 못하다면 투입되는 노력과 과정 준수도 팀장으로서 강조할 필요가 있다. 팀원도 마찬가지다. 자신이 해보지 못한 일, 아직 의도를 잘 모르는 일은 투입되는 시간, 노력과 과정의 준수 등도 필요하다.

어찌 보면 성과관리는 팀원의 입장에서 극강의 밸런스 게임이다. 팀장이 시키는 대로 하되 성과가 나지 않아도 되고, 자기 마음대로 하되 성과를 내야 한다. 세상 제일 억울한 일이 시키는 대로 했는데 성과도 못내고 책임까지 지는 것인데, 이러면 열받는 차원을 넘어 불받는다. 그런 측면에서 효율성 지표도 무시할 수 없다. 그렇다면 일의 WHY는 어떻게 숫자로 설정할까?

일의 WHY를 숫자로 설정하는 방법은 3단계로 이루어진다. 1단계는 팀장과 팀원 간 일의 목적을 공유한다. 일이 생겨난 이유로 해결할 문제가 있는지, 일을 시킨 임원의 의도가 무엇인지, 안 하면 어떤 일이 발생할지, 무엇을 얻고자 하는지 등을 공유한다. 2단계는 각자가 이해한 일의 목적을 바탕으로 가능한 많은 핵심성과지표를 뽑는다. 각자가 아무리 일의 경험이 많아도 핵심성과지표를 정하기는 어렵다. 입장이 다르고 일의 경험이 다르기 때문이다. 그래서 진이 빠질 때까지 정한다고 해서 '추출한다' 또는 '뽑는다'고도 표현한다. 3단계는 도출된 핵심성과지표들을 신뢰성, 타당성, 수용 가능성에 맞추어 선정한다. 이때 팀의 목표와 팀원의 목표를 시뮬레이션해서 인과 관계가 성립되는지, 말이 되는지 살펴본다.

숫자가 어려운 목표는 설계도를 그리자

모든 목표를 숫자로 설정할 수 있을까? 처음 시도하는 사업 개발의 목표나 연구 개발과 같이 오랜 시간이 걸린 목표는 연간 목표를 설정할 때 숫자만으로 설정하기엔 한계가 있다. 이런 경우 목표 설계도가 도움이 된다. 카니자의 삼각형을 통해 목표 설계도를 알아보자. 심리학자 가에타노 카니자(Geatano Kanizsa)가 제안한 '카니자의 삼각형'은 세 개의 원을 놓으면 가운데에 없던 삼각형이 보인다. 이처럼 삼각형을 설명할 때 삼각형을 직접 그릴 수 있지만, 다른 방법으로 구성 요소를 제시하면 삼각형을 드러낼 수 있다.

목표를 설정할 때도 목적을 목표로 설정할 수 있지만 다른 방법으로 목적이 이루어진 상태에 대한 요소를 나열하여 목표를 설정할 수도 있다. 목표를 숫자로 나타낼 수 없다면 목적을 이룬 상태의 요소들로 목표를 설정할 수 있다. 음식을 만들 때 보여주는 이미지 사진이나 건물의 인테리어를 시공할 때 그리는 시뮬레이션과 마찬가지다. 목표 설계도를 그리는 방법에는 귀납적 목표 설계와 연역적 목표 설계가 있다.

사례를 들어보자. 일요일 저녁 식사로 음식을 만들어 먹는다고 해보자. 냉장고 안을 살펴보니 시금치, 당근, 달걀, 당면 등이 있다. 시금치, 당근, 달걀, 당면 등으로 무엇이 가능할까 궁리해보니 잡채를 만들 수 있다. 냉장고 속의 재료로 가능한 요리 만들기처럼 기존의 타깃을 조합해서 목표를 설정한다면 귀납적 목표 설계다. 반면 오늘 저녁에 뭐가 먹고 싶은가 생각하고, 먹고 싶은 메뉴가 불고기인데 냉장고 재료와 비교해보니 부족한 재료가 소고기와 양파다. 요리를 먼저 정하고 부족한 재료를 살펴 요리를 만드는 접근은 연역적 목표 설계다.

귀납적 목표 설계는 기존에 달성해본 목표를 설정할 때 편리하다. 아는 목표인 만큼 달성했던 성과를 분해해서 어떤 것들로 이루어져 있는지 살펴보고, 이를 반영하여 새로운 목표에 반영하는 방법이다. 즉 기존 성과의 구성요소들 중 개별로 증가할 내용을 반영하는 방법이다. 달성했던 성과의 구성요소와 환경 등을 반영하여 구성요소별로 추가하는 방법이다. 이때 구성요소를 타깃이라고 한다. 귀납적 목표 설계는 현재 성과의 연장선에 있기 때문에 이해하기 쉽고 전략이 확실하다. 예를 들어 전년도에 달성한 원가 절감액 100억 원을 분석하니, 재료비 50억 원, 관리비 30억 원, 인건비 20억 원 등으로 구성되었다면 금년도 목표를 설계하는 방법은 재료비 절감액, 관리비 절감액, 인건비 절감액을 바탕으로 목표를 설정하고 이는 귀납적 목표 설계가 된다.

반면 연역적 목표 설계는 새롭게 시작하는 프로젝트나 일의 목적을 바탕으로 목표를 정하는 방법이다. 이루고 싶은 일의 목적, 기대하는 바를 구체적으로 정하는 것부터 시작된다. 연역적 목표 설계는 일의 WHY를 정하는 것부터 시작한다. 일의 WHY를 통해 공략할 대상인 타깃과 현재 수준, 기대하는 수준 사이의 격차를 좁히기 위한 전략을 새롭게 수립 한다. 또한 부족한 것을 어떻게 채워갈지, 목표와 관련된 사람들이 각자의 역할을 어떻게 이해할지 등을 일일이 정해야 한다. 연역적 목표 설계는, 올해 회의 문화를 개선하기로 정했다면 왜 회의 문화를 개선해야 하는지, 이를 통해서 무엇을 얻고자 하는지 등을 정하는 것부터 시작한다. 예를 들어 회의문화 개선을 통해 이루고자 하는 목적이 업무 속도의 증가, 구성원 워라밸 제고, 의사결정 속도 제고 등이라면 이에 대한 달성 수준을 정한다. 업무 속도는 결재 시간의 10% 축소, 구성원 워라밸 제고는 야근 시간 10% 축소, 구성원들의 보고서 작성 시간 10% 줄이기 등으로 설정한다. 일의 목적을 바탕으로 얻고자 하는 바를 정하기 위해 업계 내의 벤치마킹을 하거나 다른 업종에서 베스트 프랙티스를 참고한다.

일의 목적을 바탕으로 기대하는 목표를 정했다면 이젠 현재 수준을 파악한다. 이는 연역적 목표 설계 방법이다. 다른 예를 보자. 성과관리 교육 만족도를 4.5점으로 설정했다면, 교육 대상별 필요 사항과 기대 사항을 구별하고 여기에 강의 만족도를 부여한다. 사전 니즈 조사를 통해 대리급 교육생은 핵심성과지표를 잘 모르고, 과장 교육생은 전략 과제와 핵심성과지표를 헷갈려하며, 팀장 교육생은 팀 목표배분이 어렵다는 것으로 파악했다. 강의 만족도 4.5점을 대리, 핵심성과지표 이해에 1.5점, 과장 전략과제와 핵심성과지표 구분에 2.0점, 팀장 목표배분에 1.5점으로 설정한다. 이에 대해 팀장이 목표배분 방법을 이해한다고 정확히 1.5점이 상승하는 것은 아니지 않느냐고 반문할 수 있다. 물론 그렇다. 대신에 자신이 타깃으로 하는 대상에 대해 구체적인 수치를 마킹(Marking)하여 투입된 노력, 관리된 과정 등에 따라 달성한 성과에 대한 함수를 풀고 점차 기대에 대한 오차를 줄힐 수 있다. 인생 한방에 이루어지는 것은 없다. 자기 성과에 대한 함수를 풀어가기 위해 목표를 설정하고 관리할 뿐이다. 판단 착오를 줄이는 최선의 과정이 성과관리이지, 세운 목표를 완벽하게 달성하는 사람은 없다. 신이 아니니까.

귀납적 설계와 연역적 설계를 섞는 혼합형 목표 설계도 있다. 이는 2×2 매트릭스를 활용하는 것이다. 대상과 방법을 2×2 매트릭스로 구성하여 타깃을 세분화한다. 예를 들어 당신은 어느 레스토랑의 매니저이고 매출액을 설정해야 한다. 그냥 연간 목표 10억 원이라고 설정할 수도 있지만, 대상인 고객을 그룹과 개인으로 구분하여 설정할 수 있다. 식당 방문의 목적을 친목과 업무로 구분해보자. 그럼 식당의 방문 고객과 방문 목적에 따라 4개 그룹으로 구분되고, 그룹별로 기존의 금액을 확인하고 관리할 수 있다. 그룹별 서비스를 개발하거나 이벤트를 할 수 있으며 추가 타깃을 설정할 수 있다.

사례에서는 2×2 매트릭스로 대상과 목적을 구분했지만, 3×3 매트릭스나 4×4 매트릭스를 활용하면 더욱 구체적인 타깃으로 더 섬세하게 목표를 설계할 수 있다. 팀에서는 타깃을 5개 이상 권장하지 않는다. 필자가 현장에서 팀장들과 실험한 결과 팀의 목표를 지나치게 세분화하여 목표 설계도를 구성하면, 시간도 오래 소요되고 관리도 어려워 가능한 팀 목표 설계도의 구성 요소는 5개 이하를 권장한다.

혼합형 목표 설계

2×2 매트릭스 정리

	친목	업무
그룹	가족 행사 가족 외식	직장 회식
개인	동호회 모임 연인 데이트	개인 미팅

식당 방문 대상

식당 방문 목적

매출액 분포 확인

연인 데이트, 커플 이벤트 매출액	3억 원
직장 회식, 평일 음료 무료 증정 매출액	3억 원
동호회 모임, 휴일 공간 제공 매출액	7억 원
가족 외식, 추가 음식 서비스 매출액	10억 원
가족 행사, 연계 할인 매출액	10억 원

타깃 고객 설정

	친목	업무
그룹	가족 행사 가족 외식	직장 회식
개인	동호회 모임 연인 데이트	개인 미팅

⌐ ¬ 은 사회적 친밀그룹으로 타깃 설정

일의 WHY를 스토리로 엮자

유튜브로 요리 영상을 보면 음식을 참 쉽게 만든다. 뚝딱뚝딱 이렇게 저렇게 하면 금방 먹음직스러운 음식이 눈앞에 나타난다. 저건 나도 할 수 있겠다 생각하고 주방에 서서 시작해보면 영상에서 보던 것과는 다른 상황이 펼쳐진다. 도대체 한 스푼의 스푼은 밥을 먹을 때 쓰는 큰 숟가락인지 차를 저을 때 쓰는 작은 숟가락인지 헷갈리고, 재료를 뜨거운 물에 데치라는데 시간이 얼마나 걸리는지 등 아리송한 것들이 한두 가지가 아니다. 보기는 쉬운데 하면 어렵다. 이런 현상을 더닝 크루거 효과(Dunning Kruger effect)라고 한다. 더닝 크루거라는 이름은 이 현상을 연구한 학자인 데이비드 더닝(David Dunning)과 저스틴 크루거(Justin Kruger)의 이름을 따서 만들었다고 한다. 연구 결과에 따르면 초보자일수록 자신의 능력을 실제보다 높게 평가하고 실수하더라도 스스로 알아차리지 못하기 때문에 계속해서 우월감을 느끼고, 전문가도 자신에게 쉬운 일은 남들에게도 쉬울 것이라 믿는 경향이 있다는 것이다.[2]

목표를 설정할 때 팀장이 팀원에게 구체적인 모습을 설명하지 않는 것도, 팀원이 이름만 듣고 무슨 소리인지 대충 파악하는 것도 이 효과 때문이라고 해석할 수 있다. 팀장은 이미 몇 차례 경험해서 쉬운 일이지만, 팀원은 자신의 능력에 대한 자신감이 지나쳐 일에 쉽게 접근하다가는 서로 피해가 클 수 있다. 그렇다면 어떻게 해야 팀장과 팀원이 더닝 크루거 효과를 벗어나고 목표를 공유할 수 있을까? 팀장과 팀원이 함께 관심을 모으며 목표를 설정하기 위해 일의 WHY를 스토리로 만들면 어떨까 싶다. 즉, 달성할 목표를 서로 대화를 통해 이야기로 만들자.

일의 WHY를 스토리로 만드는 것을 목표의 스토리텔링이라고 한다. 목표의 스토리텔링은 일을 통해 얻고자 하는 결과물의 상태와 조건 등을 팀장과 팀원이 공유하는 활동이다. 목표의 스토리텔링에는 일의 목적, 이루고자 하는 결과물, 업무일정, 상세 조건 등이 포함된다. 먼저 일의 목적에는 해당 업무가 왜 필요한지, 어떤 이유로 시작되었는지 등이 포함된다. 다음 결과물은 기대하는 업무의 결과물이다. 여기에는 업무를 통해 무엇을 얻고자 하는지, 결과물의 성공적인 상태는 어떤 모습인지, 이 업무가 팀의 다른 일이나 업무 고객 등에 어떤 영향을 미치는지 등을 포함된다. 다음은 예상 기한이다. 결과물이 언제까지 이루어져야 하는지에 대한 기한, 업무 진행 단계별 소요 기간 등을 포함한다. 나아가 목표의 스토리텔링에는 유사한 사례나 예시 등이 포함되면 더 좋다. 다음은 팀장이 팀원에게 설명하는 팀의 주간업무계획 개선 목표의 스토리텔링 사례이다.

사례 4-2 팀의 주간업무계획 개선 목표의 스토리텔링

팀원의 일하는 방법을 개선하고자 합니다. 우리 팀의 일하는 방법 중 기존의 주간업무계획 방법을 개선했으면 합니다. 주간업무계획을 개선하면 매번 아침마다 확인했던 금일업무회의를 생략하여 업무 시간을 좀 더 확보하고 여러분도 더 여유롭게 하루를 시작할 수 있을 겁니다. 언제 출근하든지, 어디서 일하든지, 팀장인 제가 스스로 여러분의 업무 진행 사항을 파악할

수 있으니까요. 또한 여러분께서 개별 업무를 지연시켜도 제가 사전에 그 피해를 방지할 수 있습니다. 특히 다른 부서와 연관된 일은 사전에 일정을 조율하겠습니다.

이번 업무 계획 개선은 팀이 자율적으로 일하는 문화를 정착시키고 여러분에게는 누구에게 점검 받지 않는 업무 실력을 키울 수 있을 것으로 기대합니다. 주간업무계획 템플릿은 새로 구성했습니다. 새로운 업무 계획 템플릿은 팀원별로 주간 목표를 분명하게 보이게 하고, 목표를 달성하는 실행 계획을 왜 그렇게 세웠는지 등을 알 수 있도록 구성했습니다.

마지막으로 주간업무계획 개선에서 제가 강조하고 싶은 것은 2가지입니다. 하나는 주간업무계획에 자신이 하는 일의 예상 소요 시간을 가능한 정확히 기재해주세요. 처음에는 부담스러울 것입니다. 하지만 점차 시간이 흐르면서 자신이 예상하는 소요 시간이 실제 시간과 일치하다는 것을 느끼면 무리하여 많은 일을 적고 매번 실패하는 경험을 줄여줄 것입니다. 그 다음은 한 주의 업무를 마치는 금요일 퇴근 시간 30분 전까지는 시스템에 업로드(upload)하여 주시기 바랍니다. 한 주의 마지막 날인 금요일은 다음 주를 계획하고 설계하는 시간으로 활용하셨으면 좋겠습니다. 이상입니다.

조르주 피에르 쇠라(Georges Pierre Seurat)의 〈그랑드 자트 섬의 일요일 오후〉는 제목처럼 일요일 오후 공원의 한가로움과 평온함을 나타내는 풍경화이다. 그림에 등장하는 그랑드 자트는 프랑스 파리 사람들의 휴식처로 인기가 많았던 섬이라고 한다. 일요일 오후 언저리, 달아오른 열기로 뜨겁고, 햇빛이 강물에 비추어 눈이 부실 즈음의 풍경. 화가는 이 작품을 그리기 위해 2년이라는 긴 시간을 투자하고 60여 점의 습작을 그렸다고 한다. 이 그림이 놀라운 것은 색을 칠한 것이 아닌 점을 찍었다는 것이다. 40여 명의 인물들 색을 표현하기 위해 작은 점들의 진함과 연함이 반복되어 서로 섞이지 않은 채 서로에게 영향을 주어 이미지를 전달하고 있다. 인접한 다른 색이 서로 영향을 주어 다른 색으로 느끼게 하는 것을 연구하고 실험한 화가의 노력은 그의 고집스러움과 연구와 함께 그저 감탄할 뿐이다.

우리가 한가로움과 평온함을 그림으로 나타낸다면 어떻게 표현할까? 우리의 목표도 〈그랑드 자트 섬의 일요일 오후〉처럼 그렸으면 좋겠다. 쉽게 쓰는 목표가 아닌 어떻게 하면 목적이 눈으로 보일지 완성된 상태가 어떻게 보일지 스케치하고 계산하며, 왜 하는지 무엇을 이루려는지 등을 그림처럼 이야기처럼 보여줬으면 싶다. 그래야 팀장과 팀원의 꿈이 동상이몽이 아닌 동상일몽이 될 수 있기 때문이다. 목적을 숫자로 바꾸기, 목적을 성취한 상태와 조건 등의 설계도, 의도와 달성한 상태, 기한 등을 포함한 스토리가 팀장과 팀원의 팀플레이 목표이다. 따로 움직이는 목표는 옳지 않다.

5

업무를 공정하게 나누고 싶다면

팀장은 공정하게 배분하고,
팀원은 목표의 퍼즐을 맞추자

합리적 게으름을 없애자

한 회사의 업무 방법 중 어떤 것을 우선 개선해야 하는지 조사했더니 팀장은 1순위가 '공정한 업무 배분', 2순위가 '명확한 업무 지시', 3순위가 '일정 관리'였고, 팀원은 1순위가 '공정한 업무 배분', 2순위가 '초과 근무 관리', 3순위가 '일정 관리'였다. 팀장과 팀원 모두 일하는 방법 중 가장 우선적으로 개선해야 하는 것으로 '공정한 업무 배분'을 꼽았다. 공정한 업무 배분이 되지 않으면 어떤 일이 생길까?

업무쏠림현상이 나타난다. 업무쏠림현상은 팀 내 특정인에게 업무량이 많이 몰리거나 부담스러운 업무가 맡겨져 그 팀원의 심리적 부담감이 높아지는 상태를 말한다. 자기에게는 업무가 부담스러울 정도로 많은데, 다른 팀원은 일상적인 업무만 소화하는 것으로 여겨져 팀원들 사이에 심리적 불평등을 느끼게 만든다. 이는 팀 내 업무 무임승차자를 생산하는 것이며 이로 인해 팀 업무 관리가 공정하지 못한다는 분위기가 확산되게 만든다. 한마디로 일하는 사람은 일하고, 노는 사람은 노는 것이다. 업무쏠림현상을 방지하기 위해 일부 회사는 팀 내 업무 배분 현황을 온라인 게시판으로 공유하고, 어떤 회사는 로보틱 처리 자동화(RPA, Robotic Process Automation)를 도입해서 사람이 하던 반복적인 업무를 자동화 프로그램으로 대체하고 있다. 그래도 목표 배분 현황 공유나 로보틱 처리 자동화가 한 대책이 되겠지만 근본적인 대책은 아니다.

업무쏠림현상은 주로 긴급 업무의 발생과 팀원들 각자 개별로 작성하는 업무 계획의 오류 등으로 발생한다. 긴급 업무는 돌발 상황에 따른 대책을 수립할 때 발생되는데, 이는 예상치 못한 일이기에 긴급한 대처를 위해서 업무의 숙련도와 실행의 속도가 높은 팀원에게 업무가 맡겨지기 때문이다. 다른 이유인 업무 계획의 오류는 팀원 각자가 이번 주나 이번 달에 처리할 일을 언제까지 할지 작성하다 보니 팀 업무의 종합적인 관리가 되지 않아서 발생한다. 팀원의 업무 성향에 따라 어떤 팀원은 이번 주에 일을 많이 계획하고, 다른 팀원은 일을 적게 설정하여 계획하기 때문이다. 한마디로 각자 자신에 맞게 최적화하기 때문에 업무쏠림현상이 발생된다고 볼 수 있다. 또 팀이 일정 기간 동안 성과를 내기 위해 어떤 일을 할지를 정하고 도출된 일들을 배분하는 것이 아닌, 팀원들 각자가 할 일을 모아서 팀의 할 일 목록을 만들기 때문에 발생한다. 팀원은 자기의 업무 숙련도가 높고 실행의 속도가 빠르면 일이 더 많아지니 능동적으로 일하기보다 팀장이 시키는 일만 티나지 않을 정도로 적당히 하는 것이 본인에게 유리하다고 판단한다.

일반적으로 함께 모여서 일하면 합리적으로 게을러질 수 있다. 팀원 개별 목표를 모아서 팀 전체 목표를 그리면 업무와 업무 사이에 빈틈이 생기고, 이로 인해 팀원들의 합리적 게으름이 일어날 수 있다. 반대로 팀장이 주간이나 월간 단위로 팀 목표를 정하고 이를 팀원들에게 배분하기도 한다. 이 방법은 팀 전체 목표를 달성하기 위해 해야 할 일들을 나눌 수 있고, 세분화된 일을 팀원들에게 배분하면 강제성을 띠게 되어 업무에 대한 몰입과 이해가 떨어지게 된다. 게다가 자신이 억지로 맡은 일보다 다른 팀원이 맡은 일이 더 쉬워 보인다. 만약 다른 팀원이 맡은 일이 고통스러울 만큼 힘들어 보이면 나도 모르게 기분이 좋아진다. 타인의 고통이 나에겐 기쁨으로 다가올 수 있다. 아무튼 팀원들 각자 최적화하는 방법은 팀원들의 각자도생을 불러일으킬 뿐 함께 팀플레이를 하는 것이 아니다. 그렇다면 도대체 어떻게 팀원들의 유기적 통합을 이루며 공정하게 일을 배분해야 할까? 어떻게 서로의 일이 공정하게 배분되었으며, 형평성을 고려해서 업무를 배분했다고 느끼게 할까?

새로운 업무 배분 방법을 찾기 위해 2가지를 살펴볼 필요가 있다. 첫째, 팀 업무, 팀원 업무는 고정 값이 아니다. 즉, 업무는 언제든지 어떤 형태로도 재설계할 수 있다. 보통 팀은 3~4개 직무를 묶어서 구성한다. 인접한 직무 간 연계성과 업무량, 난이도 등을 고려하여 팀을 구성하는 것이다. 인사팀은 채용업무, 평가업무, 보상업무, 교육업무 등을 배분하고, 여기에 총무업무를 넣거나 총무업무가 연계성이 떨어지고 업무량이 많다면 별도의 팀으로 운영하기도 한다. 품질관리팀은 품질보증, 품질운영, 품질체계 등의 업무로 구성할 수 있고, 각자 따로 팀으로 만들 수도 있다. 즉, 팀 내 업무는 자유롭게 나누거나 붙일 수 있다. 둘째, 우리는 한 팀에 속하지만, 지나치게 서로 엮이고 섞이면 자발적으로 일하고 싶지 않다. 그러니 적정 거리를 두는 것도 필요하다.

리차드 해크만(Richard Hackman)은 업무를 의미 있게 만드는 다섯 가지 조건으로 업무 다양성, 업무 독자성, 업무 중요성, 업무 자율성, 업무 피드백을 꼽았고, 다섯 가지를 고려해서 업무를 설계하면 팀원들이 일에서 느끼는 성취감을 고취하고 만족감을 높일 수 있다고 했다. 업무 다양성은 팀원들이 가능한 한 다양하고 도전적인 업무를 할 수 있도록 하는 것을, 업무 독자성은 팀원 한 사람이 하나의 업무 프로젝트를 처음부터 끝까지 독자적으로 책임질 수 있는 구조를 만들어주는 것을, 업무 중요성은 자신이 하는 일이 다른 사람들의 삶에 영향을 미친다는 점을 팀원들 각자가 인지하도록 하는 것을, 업무 자율성은 팀원이 스스로 업무 일정을 관리하고 업무 진행 절차 역시 스스로 결정하도록 재량권을 주는 것을 가리킨다. 어떤 조직이든 팀 내 업무를 자유롭게 나누고 붙일 수 있으며, 리차드 해크만의 5가지 요소를 고려해서 새롭게 업무를 설계할 수 있지 않을까? 즉, 일정 기간 동안 팀의 업무를 모두 꺼내 재배분하는 제로 베이스 상태에서 업무 배분을 실시할 수 있다.

제로 베이스에서 목표를 배분하자

전작 《나는 팀장답게 일하고 있는가?》에서 '담당의 장막'을 제안했는데, 이 책의 '제로 베이스 업무 배분'은 '담당의 장막'을 개선시킨 방법이다. 제로 베이스 업무 배분은 자신이 어떤 담당이 될지 모르는 상태에서 모든 팀원이 함께 업무 배분에 참가하여 업무별 처리량과 난이도를 따져 공평하게 구분한 다음, 팀장이 나눠진 업무에 담당을 정하는 방법이다. 즉, 팀장과 팀원이 일정 기간 동안 성과 달성을 위해 할 일을 모두 뽑고, 팀원끼리 업무의 양과 난이도 등을 고려하여 유사 직무끼리 분류한 다음, 팀장이 분류된 업무에 담당자를 선정하는 것이다. 담당의 장막을 활용하는 방법은 4단계로 진행한다.

1단계는 기존의 담당 업무를 없앤다. 즉, 모든 팀원이 담당 업무가 제로 베이스인 담당 미정 상태에서 시작한다.

2단계는 팀의 성과를 내기 위해 생각나는 모든 업무를 적는다. 기존의 사업 계획에서 생각한 전략과제, 최근 불거진 이슈, 예상되는 돌발 업무 등 최대한 많이 뽑는다. 예를 들어 영업팀이라면 분기 영업 매출액을 달성하기 위해 홍보 행사 경청하기, 타 회사 영업 활동 벤치마킹하기, 고객사의 Before Services 행사 참여하기, 악성 매출채권 대책 수립하기 등의 일상적 업무와 비일상적으로 발생되는 업무 등도 가능하다면 최대한 뽑는다. 팀 성과 달성을 위한 과제를 뽑는 단계에서는 누가 어떤 업무를 얼마만큼 담당할지 모르고 가능한 많은 과제를 뽑는 것이 관건이다. 팀장은 2단계에서 팀원들이 얘기한 업무는 누가 담당할지 미정이며, 자신이 예상하는 과제 등도 제안하라고 안내한다. 다만 2단계를 지나 팀원이 예상하지 못하거나 자신이 수행했던 과제를 누락한 경우는, 놓친 사람이 수행해야 한다고 가이드라인을 제시한다.

3단계는 팀원들이 도출한 과제들을 팀원끼리 합의한 분류 기준에 따라 분배한다. 분류 기준은 업무량과 난이도를 동시에 고려하여 팀원끼리 토의를 거쳐 결정한다. 사람마다 자신이 갖고 있는 경험과 지식이 다르기 때문에 업무에 대한 난이도가 다르게 느껴지곤 한다. 이런 체감적인 업무 난이도를 팀장이 일괄적으로 이건 쉽고 저건 어렵다는 식으로 정리하기보다 팀원들이 서로 토의하여 결정한다. 업무의 분류인 그루핑은 팀원의 숫자만큼 한다. 즉, 팀원이 4명이면 해야 할 일을 4개로 그루핑하고, 3명이면 3개로 그루핑한다. 관건은 전지적 팀장 시점의 간섭보다 인간적 팀원 간 합의이다. 팀원들은 이런 합의 과정을 통해 서로가 업무에 대해 느끼는 어려움이나 심리적 부담, 실제 업무를 수행하며 팀원들에게 어떤 지원이 필요한지 등을 이야기하고 이해할 수 있다. 업무 배분은 결과가 아니라 과정이다.

4단계는 그루핑된 업무에 담당자를 지정한다. 단, 가장 실력이 부족한 신입 팀원에게 우선 선택의 기회를 준다. 최대한의 협업을 이끌어내고 업무에서 최약자를 보호하기 위해서이다.

정리하면 제로 베이스 업무 배분은 담당의 장막을 활용하여 담당을 없앤 상태에서 해야 할 일을 뽑아내고 팀원끼리 토의하여 업무를 그루핑한 후 담당자를 정하는 방법이다. 그루핑된 업무는 모두가 합의된 내용이기 때문에 어느 팀원에게도 불리하지 않다. 모두가 납득할 수 있는 형평성을 가진 업무 배분 방법이다.

팀원들의 실력이 동등하면 담당 업무를 모두 없애고 제로 베이스 상태에서 목표를 배분해도 되지만 팀원들 간 일하는 실력에 차이가 있다면 목표를 어떻게 배분해야 할까? 예를 들어 방법을 알아보자. 여기 영업A팀과 영업B팀이 있다. 영업A팀은 팀원들 간 일하는 실력이 유사하고, 영업B팀은 팀원들 간 일하는 실력이 차이가 나는데, 두 팀의 목표는 프로젝트 수주율이라고 가정하자. 일하는 실력이 유사한 영업 A팀은 팀의 목표인 프로젝트 수주율을 배분하려면 앞서 말한 대로 제로 베이스 상태에서 업종별 또는 고객별로 매출액을 배분하면 된다. 반면 팀원들 간 일하는 실력의 차이가 있는 영업B팀은 프로젝트 수주율 자체를 업종별 또는 제품별로 나누기보다, 프로젝트 수주율을 높이기 위한 사전 목표를 묶고 팀원들 간 그룹에게 배분한다. 다시 말해 프로젝트 수주율을 높이기 위해 고객 문의 회신율, 고객 불편 및 불만 축소율, 경쟁사 대비 차별화 수, OTD(Order To Delivery) 표준화율, OTD 표준시간 단축률, OTD 표준화 활동 수, 예비 고객 발굴률, 기타 사전 조건을 개선해야 한다면 이를 팀원들에게 배분한다. 그리고 팀원 간 실력의 차이가 있기 때문에 개별 팀원보다 팀원들을 서로 협업할 파트너로 묶어 목표를 배분한다. 그림 5-1은 이해를 돕기 위한 예시적 그림이다.

그림에서 살펴보면, 영업A팀의 팀원 가, 나, 다, 라는 일하는 실력이 유사하기에 좌측에서 보는 바와 같이 업종별, 제품별 수주액을 배분하고, 영업B팀의 팀원 마, 바, 사, 아, 자는 일하는 실력이 차이가 있어 마와 바 팀원, 사 팀원, 아와 자 팀원으로 팀원 간 협업할 관계를 설정하여 사전 목표를 배분한다. 아울러 전체 프로젝트 수주율을 목표 수주액 대비 실제 수주액의 비율로 영업A팀은 팀원들에게 실제 수주액에 해당하는 금액을 배분했고, 영업B팀은 수주액을 높이기 위한 사전 목표를 배분했다.

그림 5-1 팀원 간 일하는 실력 차이가 있는 경우의 목표 배분

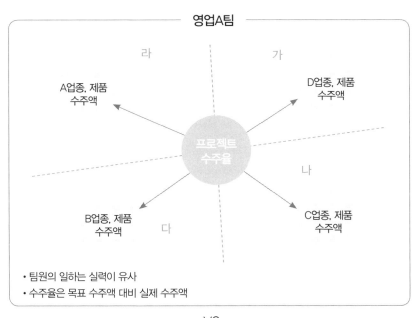

영업A팀

라 / 가

A업종, 제품
수주액

D업종, 제품
수주액

프로젝트
수주율

나

B업종, 제품
수주액

다

C업종, 제품
수주액

· 팀원의 일하는 실력이 유사
· 수주율은 목표 수주액 대비 실제 수주액

VS.

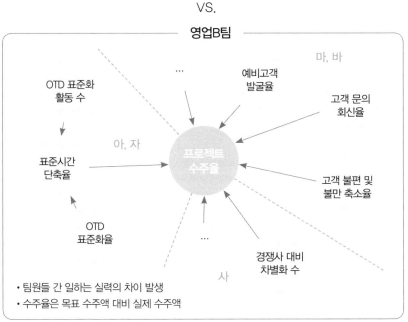

영업B팀

마, 바

OTD 표준화
활동 수

예비고객
발굴율

고객 문의
회신율

아, 자

표준시간
단축율

프로젝트
수주율

고객 불편 및
불만 축소율

OTD
표준화율

...

경쟁사 대비
차별화 수

사

· 팀원들 간 일하는 실력의 차이 발생
· 수주율은 목표 수주액 대비 실제 수주액

팀 목표 배분 워크숍 운영 방법

팀장과 팀원이 무엇을 맡을지 모르는 상태에서 목표를 배분하는 워크숍을 운영하는 방법을 정리해보자. 보통 이 워크숍은 4시간 30분 정도 소요되며 4단계로 이루어진다. 1단계는 팀 목표 공유, 2단계는 팀 성과 복기, 3단계는 업무 그루핑, 4단계는 담당자 지정, 5단계는 업무 전개도 그리기로 이루어진다. 다음은 팀 업무배분 워크숍 운영 예시이다.

표 5-1 팀 업무배분 워크숍 내용과 예상 시간

단계	주요 내용	예상 시간
팀 목표 공유	• 팀 업무의 목적과 달성할 목표를 공유하는 단계 • 팀장은 팀 업무별 목적과 본부, 사업부 등 상위 부서와의 연계성, 중요도 등을 공유한다.	30분
전략과제 수집	• 팀 목표를 달성하기 위한 전략과제를 도출하는 단계 • 팀원은 가능한 많은 전략과제를 제안한다. • 팀장은 팀 업무 배분 원칙을 공지한다.	2시간
전략과제 분류	• 전 단계에서 도출한 전략과제를 묶어 전략과제를 그루핑하는 단계 • 이 단계는 팀장을 제외하고 팀원끼리 합의한다. 누가 어떤 업무를 맡을지 담당자가 미정인 상태로 전략과제를 그루핑한다. • 팀원들은 전략과제로 묶을 전략과제 분류 기준을 선정한다. • 선정된 업무 분류에 따라 2×2 또는 3×3 매트릭스 등을 활용하여 과제를 분류한다.	1시간
담당자 선정 및 합의	• 분류된 전략과제에 대한 담당자 선정 • 팀원별 자신이 담당하게 된 전략과제를 설명한다. • 자신이 담당한 전략과제를 원활하게 수행하기 위한 지원 사항을 팀장에게 요청한다. • 팀장은 향후에 점검할 내용과 일정을 공유한다.	1시간

1단계는 팀 목표 공유로 대략 30분 정도 필요하다. 상위조직인 본부(또는 사업부나 공장)의 목표와 팀 목표가 서로 어떻게 전략적으로 연계되는지 방향과 목표 등을 팀장이 팀원에게 설명한다. 이때에는 본부, 사업부, 공장 등 상위조직의 목표를 나열하기보다 상위조직의 목표와 팀 목표 간 인과 관계 등을 설명한다. 예를 들어 사업부 목표가 매출액이라면 팀 목표는 고객 수의 증가, 핵심 고객의 추가 구매량 증가 등으로 상위조직 성과의 증감에 따라 팀 목표, 팀원 목표가 어떤 영향을 미치는지 설명한다. 이때는 주로 이슈 트리(Issues tree) 기법을 쓴다. 매출을 높이기 위해서는 경쟁력을 높이고 수요를 더 확보해야 한다. 우리가 경쟁력을 높이기 위해서는 판매 및 마케팅 능력을 높여야 하고 제품력을 높여야 한다. 수요는 고객의 기호가 다른 제품으로 옮겨지고 있고, 현재 시장이 포화 상태에 이르러 성숙기로 접어들었다는 식으로 지속적으로 목표를 잘라서 접근한다. 계속 강조하지만 팀장과 팀원 모두가 어떤 일을 맡을지 모르는 제로 베이스 상태에서 팀 목표를 높이기 위한 전제 조건들을 인과 관계로 접근한다. 상위조직의 사업 방향과 목표를 설명했다면 팀 목표를 포스트잇에 써서 화이트보드 가운데에 붙인다.

2단계는 팀 목표를 달성하기 위해 해야 할 과제를 정한다. 상위조직의 목표를 달성하기 위해 실행할 주요과제, 전년도 성과를 복기하며 결정적으로 중요했던 과제 등도 꼼꼼하게 챙긴다. 업무를 도출하며 팀 목표를 달성하기 위해 가능한 빠짐없이 뽑고 중복되지 않도록 정리한다. 모든 팀원이 참여하고 팀원들도 전년도 성과를 복기하고 올해 목표를 달성하기 위해 필요하다고 판단하는 과제 등을 제시한다. 특히 전략과제를 수집할 때 팀장은 반드시 사전에 팀 업무 배분 원칙을 공지한다. 풀어서 설명하면 팀장은 팀원들에게 지금 전략과제를 제안하면 다른 팀원에게 업무를 넘길 수 있거나 다른 팀원의 도움을 받을 수 있지만, 추후에 생각나서 말하면 본인이 직접 해결해야 한다는 원칙을 공지한다.

3단계는 2단계에서 도출된 전략과제를 묶어 팀원의 수만큼 그루핑하는 전략과제 분류이다. 전략과제 분류는 팀원들이 합의한 기준에 따라 분류한다. 이때 팀장은 간섭하지 않는다. 전략과제를 분류하는 기준은 업무별 난이도와 업무량 등을 활용한다. 팀원끼리 업무 분류 기준에 따라 2×2 매트릭스를 활용하여 전략과제를 분류한다. 주로 화이트보드에 2×2 매트릭스를 그리고 팀원들은 포스트잇에 전략과제를 써서 붙인다. 이때 업무 그루핑으로 누가 담당할지 모르기 때문에 업무 난이도와 업무량이 어느 한쪽에 치우치지 않도록 합의한다. 전략과제 그루핑은 대략 1시간 정도 소요된다.

4단계는 담당자 선정 및 합의이다. 전략과제가 팀원들이 직접 선정한 기준으로 업무량과 난이도를 고려하여 전략과제가 분류되었다면, 팀장은 팀원의 역량을 고려하여 담당자를 선정한다. 팀원은 선정된 전략과제를 살피고 전반적으로 필요한 지원 사항을 팀장에게 설명한다. 팀장은 팀원들의 요청 사항을 살펴보고 지원을 약속하며 향후 월간이나 분기별로 점검할 내용과 일정 등을 공유한다.

5단계는 팀 업무 전개도 그리기이다. 팀장과 팀원은 팀 업무 배분을 완료하면 팀원별로 담당할 전략과제를 정리하여 팀 업무 전개도를 그린다. 팀장과 팀원은 함께 분류된 업무 그룹을 살펴보며 필요하다면 전략과제를 추가하거나 보완한다. 팀장과 팀원은 담당자 지정에 합의하고 팀 업무 전개도를 정리한다. 다음은 업무 전개도의 예시이다.

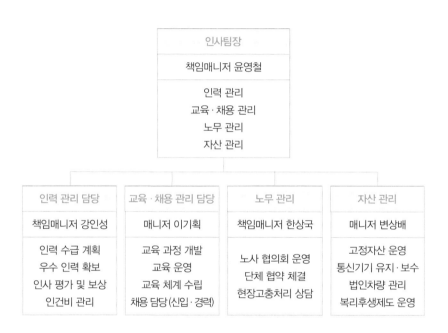

그림 5-2 인사팀 업무 전개도

제로 베이스 업무 배분을 활용하려면 사전에 정해야 하는 것이 2가지 있다. 첫 번째 조건은 팀장도 팀원이라는 것이다. 즉, 필요하다면 팀장도 업무를 담당해야 한다. 간혹 팀장들은 팀의 성과와 조직 관리만 하는 행정적이고 관리의 역할만 하는 것으로 여기는데, 팀장도 팀의 일원으로서 업무를 담당할 수 있다. 팀장도 제로 베이스 목표 배분에서 담당 업무를 맡을 수 있다. 둘째, 중간관리자들의 역할과 책임을 분명히 정하고 조직 관리 또는 인력 관리에 대한 과제도 목표에 반영한다.

팀제는 성과 달성을 위해 기본 조직을 팀으로 정해서 운영하는 조직 운영 방법이다. 팀은 상위조직인 사업부 또는 본부에서부터 목표를 부여받고 권한을 위임받아 운영하는 조직 관리 방법이다. 팀은 기본적으로 구성 인력을 팀장과 팀원으로 하지만, 인력 운영의 효율성과 관리의 범위를 고려하여 팀장과 팀원 사이에 중간관리자의 역할인 파트장, 그룹장, 워킹그룹장 등을 두고 있다. 제로 베이스 업무 배분을 하려면 이들 중간관리자의 역할을 구체적으로 정해야 한다. 간혹, 일은 일대로 시키면서 부가 업무로 중간관리자에게 틈나는 대로 인력 관리 과제까지 하도록 시키는데, 이는 다소 무책임한 처사이다. 중간관리자들도 자신의 업무 외에 주어진 역할과 책임을 다하기 위해서 시간과 에너지, 노력을 투입하기 때문에 이에 대한 구체적인 성과를 인정해야 한다.

월드컵 같은 세계적인 축구 경기가 열리면 축구를 잘 몰라도 모두가 흥미를 느끼고 몰입한다. 이때 나라별 축구의 특징을 알면 더 재미있다. 브라질은 기술력을 앞세운 삼바 축구, 영국은 킥 앤 런(kick and run)으로 빠른 축구, 네덜란드는 전원 수비 전원 공격의 토탈 사커, 프랑스는 세밀한 패스와 조직력을 앞세운 아트 사커, 이탈리아는 전원이 스크럼을 짜서 움직이는 빗장 수비로 유명하다. 일을 배분하는 것도 마찬가지다. 업무 배분은 그저 업무량을 똑같이 나누는 것이 아니라고 본다. 팀의 성과를 위해 팀의 작전을 구상하고 팀원별로 포지션을 정하며 역할을 부여하는 것이다. 다시 말해 목표 배분은 업무량을 n분의 1로 나누기를 넘어 팀원의 포지션 정하기다. 누가 스트라이커를 할지,

누가 수비를 할지, 누가 최종 골키퍼로 활동할지 포지션에 따른 업무를 정하는 것이다. 우리 팀은 어떤 축구를 펼칠까라는 질문과 함께 업무를 배분해보면 어떨까 싶다. 삼바 축구? 킥 앤 런 사커? 아트 사커? 토탈 사커? 빗장 수비? 무엇이든 팀장과 팀원 간 그리고 팀원 간 합이 맞아야 한다.

공정은 공짜가 아니다

목표 배분의 공정성은 절대적 기준보다 상대적인 비교를 통해 느낀다. 업무 배분에서 팀원과 팀장이 공정하다고 느끼려면, 3가지를 챙겨야 한다. 절차 공정성, 내용 공정성, 상호 작용 공정성이다. 절차 공정성은 업무 배분이 공식적인 절차를 통해 제대로 이루어졌는지를 살피는 것이다. 내용 공정성은 목표 배분을 위한 사실과 근거를 제대로 모아서 살펴봤는지를 가리킨다. 끝으로 상호 작용 공정성은 업무를 배분하는 과정에서 팀장과 팀원 그리고 팀원 간 서로 대화나 협의 등을 통해서 적절히 관여했는지 등을 가리킨다. 특히 상호 작용의 공정성이 목표 배분에 가장 큰 영향을 끼치는 듯하다. 그러니 팀원들도 손 놓고 팀장에게 맡기며 '알아서 잘해주세요'라는 식으로 막연하게 행동하지 말고 적극적으로 업무를 분해하고 업무량과 난이도를 고려해서 모든 팀원이 관여해서 목표 배분에 참여하자. 공정은 공짜가 아니다. 뭐라도 하자.

최근 팀장들이 호소하는 어려움 중에는 워라벨을 추구하는 사회적 분위기, 코로나19 등으로 긴급 대응 사항이나 돌발 상황에서 서로 협업과 다른 팀원의 업무 지원을 기대하기 어려운 경우가 종종 있다고 한다. 특히 팀원별로 자신의 고유한 업무만 챙기고 타인의 업무 지원이나 업무의 경계선상에서 일이 발생되면 외면하는 경우도 있다고 한다. 사정이 이러니 팀장들은 긴급 업무가 생기면 팀장이 직접 처리하거나 평소 믿는 팀원에게 일을 부탁한다는 것이다. 결국 누군가의 희생으로 오늘도 팀은 돌아가고 있는 것이다. 하지만 한 사람의 희생이나 개인의 순발력으로 넘어가는 것도 한두 번이지, 돌발성 업무, 긴급 대응은 반드시 제도적 보완이 필요하다. 가장 빠른 대처 방법은 긴급 대응과 돌발성 업무를 개인의 희생이 아닌 평가제도 반영을 통해 공식적으로 관리를 하는 것이다. 개인의 희생을 담보로 하는 비공식적 관리에서 동료기여 목표로 설정하고 평가에 반영하는 공식적 관리로 전환하는 것이 필요하다. 돌발성 업무를 개인의 희생으로만 해결하려 들수록 어느 한쪽의 상처만 깊어진다. 팀장은 팀원에 대해 자기 일만 챙긴다고 야속해하고, 팀원은 무슨 일인지, 왜 긴급한지 모른 체 바쁜 팀장을 보며 업무를 독점한다고 원망하고 있다. 이럴 것이 아니라 팀원들도 자신의 업무에 대한 진척도나 업무량을 공개적으로 공유해야 한다. 팀장들은 업무 요청, 지시자, 납기일, 우선순위 설정 등을 구체적으로 공유해야 팀장과 팀원 모두가 살 수 있다. 팀장과 팀원 모두 살자, 쫌!

6

업무 계획 회의를 효과적으로 운영하려면

팀장은 목표를 트래킹하고, 팀원은 계획의 적중률을 높이자

업무 계획의 적중률을 높이자

우리는 보통 업무 계획을 연간 목표를 달성하기 위해, 월간 또는 주간에 해야 할 일을 가늠하고 업무의 진행 상황을 파악하기 위해 운영한다. 여러 회사의 성과관리 또는 인사 평가를 컨설팅하며 발견한 공통점이 있다. 첫째, 대략 2개월 정도 들여 내년도 사업 계획을 수립하지만, 실제 현장에서는 사업 계획과 월간 또는 주간업무계획이 따로 운영된다. 즉, 연간 목표와 월간 또는 주간업무계획 간 연계성이 미흡하다. 연간 목표 따로, 주간업무계획 따로 운영된다. 둘째, 팀원들은 각자 월간, 주간업무계획을 수립하고 팀장은 취합만 하여 미진한 사항이나 문제가 될 소지를 파악한다. 즉, 팀장과 팀원 사이에 어떤 일에 대한 의견과 판단을 묻고 함께 고민하는 것이 아닌, 팀장은 팀원에게 어떻게 대안을 수립할 것인지 재촉하거나 나무라기 바쁘다. 그래서 팀은 팀원들이 모여서 일할 뿐이지 다른 팀원들의 과제에 의견을 주거나 협업, 지원하는 일이 드물다. 있다면 팀장이 다른 팀원에게 이야기해서 지연되는 팀원의 일을 돕도록 요청하는 경우다. 즉 팀으로 생각하고 행동하는 것이 아니라, 팀원이 각자 판단해서 알아서 하는 경우가 많다. 그렇다면 보통 팀장과 팀원이 업무 계획을 어떤 식으로 수립하는지 살펴보자.

대표적인 업무 계획 수립 방법은 스티븐 코비(Stephen Covey)에 의한 시간 관리이다. 스티븐 코비는 《성공하는 사람들의 7가지 습관》에서 시간 관리의 핵심은 해야 하는 일의 우선순위를 짜는 것이라고 했다. 즉 자신의 일을 중요성과 긴급성 2개의 축으로 한 매트릭스에 따라 긴급하고 중요한 일, 중요하지만 긴급하지 않은 일, 긴급하지만 중요하지 않은 일, 긴급하지도 중요하지 않은 일로 구분하고 일정을 계획하라는 것이다. 많은 사람들이 알고 있는 방법이지만 회사에서 이 방법을 적용할 때는 다소 무리가 있다. 3가지 이유를 들 수 있다. 첫째, 회사 일은 혼자서 일의 중요성과 긴급성을 정하기 어렵다. 팀장이든 팀원이든 말이다. 어떤 일은 팀 입장에서 급하지 않지만, 상위 부서인 사업부나 본부 차원에서 급할 수 있기 때문이다. 중요도도 마찬가지다. 둘째, 함께 일하는 회사라서 긴급하지도 중요하지도 않지만 다른 팀이나 다른 팀원을 도와야 하는 일도 있다. 그래서 자기 혼자 우선순위를 선정하기 어렵다. 개인의 입장이나 팀의 입장에서는 쓸데없지만 회사라는 조직에 있기 때문에 점검, 보완, 예방 차원에서 해야 할 일들이다. 셋째, 급하지도 않고 당장 성과도 나지 않지만 미래의 성과를 위해 해야 할 일도 있다. 예를 들어 개인의 역량을 개발하거나 후

배를 육성하는 일 등이다. 중장기적인 성과를 고려하는 일도 중요하다. 이쯤 되면 업무 계획이 필요 없다고 생각하기 쉬운데, 필자는 연간 성과를 내기 위해서는 중간 과정으로 목표 관리와 업무 계획이 반드시 필요하다고 생각한다. 그렇다면 목표를 성과로 바꾸려면 어떤 도구가 필요할까?

연초의 목표를 연말의 성과로 탈바꿈시키려면 첫 번째 도구인 목표 가속화 효과(Goal Gradient Effect)를 활용하자. 목표 가속화 효과는 어떤 목표에 가까워질수록 목표를 이루고자 하는 행동이 강화되는 효과를 뜻한다. 대표적인 사례가 서비스 커피를 얻기 위해 스탬프 10개를 찍어야 하는 경우와 이미 스탬프 2개가 찍혀 있고 10개를 더 찍어야 하는 경우를 비교한 예이다. 결과는 이미 스탬프 2개가 찍힌 쿠폰이 있는 경우 공짜 커피를 먹는 시간이 더 빠르고, 카페 직원과도 더 많은 이야기를 나누며, 더 자주 웃고 더 많은 정서적 상호 작용을 하는 것으로 나타났다고 컬럼비아 대학 란 키베츠(Ran Kivertz) 교수가 주장했다.[5] 따라서 연간 성과를 내려면 목표를 월간 단위로 잘게 쪼개서 관리할 때 좀 더 집중할 수 있다. 다시 말해 팀장과 팀원은 연간 목표를 월간 목표로 설정하고 관리하는 도구가 필요하다. 즉, 연초 목표의 출발점에서 연말 성과의 목적지까지 찾아가는 연간 목표 트래킹이 필요하다.

연초의 목표를 연말의 성과로 탈바꿈시키는 데 필요한 두 번째 도구는 계획의 오류(Planning Fallacy)를 줄이는 것이다. 계획의 오류는 현실적인 방해 요인을 충분히 고려하지 않고 실제로 일에 필요한 시간보다 예상 시간을 낙관적으로 생각하여 계획을 수립하는 현상을 뜻한다. 어떤 일에 대한 성과를 내기 위해 계획을 세울 때 다양한 변수를 고려하기보다 낙관적으로 계획을 세워 번번이 계획이 틀어지게 되는 것을 이른다. 물론 일어날 모든 일의 변수에 어떻게 대처할지 계획을 세우고 일할 수는 없다. 변수를 예상할 수 없는 것이 인간의 한계이니까 말이다. 연초에는 의욕을 활활 태워서 계획 세우고 의지로 덤비지만, 나중에 통제할 수 없는 변수와 밀려들어오는 다른 일들에 계획이 틀어지고, 사고 수습하기에 바쁜 것이 현장이니까 말이다. 아무튼 우리는 이런 연초의 목표가 연말의 성과로 바뀌려면 계획의 오류를 찾아 수정할 수 있는 도구가 필요하다. 그것이 바로 스태거 차트(Stagger Chart) 분석이다. 스태거 차트는 자신이 세운 계획에 대한 판단의 오류를 지속적으로 찾아 보완해나가는 방법으로 다음에서 구체적으로 설명하겠다.

연초의 목표를 연말의 성과로 탈바꿈시키려면 사람들이 합리적으로 게을러지는 현상을 막아야 한다. 이를 가리켜 파킨슨의 법칙(Parkinson's law)이라 한다. 파킨슨의 법칙은 영국의 역사학자 겸 경영학자인 노스코트 파킨슨(C. Northcote Parkinson))이 〈이코노미스트〉에 기고한 에세이에서 유래했는데, 조직의 인력과 예산, 그리고 인력 등이 맡고 있는 업무량과 관계없이 비대해지는 현상을 말한다. 즉, 어떤 일을 할 때 그 일을 완성하는 데 허용된 시간, 예산, 인력 등을 최대한 이용하고 오히려 계속 증가한다는 뜻이다. 목표를 수립하고 연중에 꾸준히 관리하면서 사전에 고민을 하면 좋으련만, 꼭 연말에 가서 대책을 수립하고 실행한다는 뜻이다. 원래 가장 높은 집중력은 기한이 가까워졌을 때 최고조에 이르는 법이다. 우리는 눈치 보며 합리적으로 게을러지는 현상을 방지하고, 우리들의 성과 달성 가능성을 높이는 도구가 필요하다. 이 도구가 이번 달 성과 복기와 다음 달 액션 플랜이다.

정리하면 연초에 수립한 목표를 연말의 성과로 탈바꿈시키려면, 목표에 집중시키고 빈번하게 일어나는 계획의 오류를 낮추며 우리가 스스로 합리적으로 게을러지는 것을 막기 위한 업무 계획이 필요하다. 지금부터는 팀에서 어떻게 업무 계획을 수립하고 운영하면 좋을지 구체적인 방법과 절차 등을 살펴보자. 첫 번째 방법은 목표 가속화 효과를 활용하는 방법인 짧게 끊어 목표를 추적한다는 연간 목표 트래킹 방법이다.

연간 목표를 짧게 끊어 추적하자

"짧게 잡고 정확하게 친다." 골프나 야구를 좋아하는 사람이라면 누구나 아는 명언이다. 골프에서는 클럽을 짧게 쥐고 스윙하면 거리는 조금 줄지만 공을 더 정확하게 맞히고 방향도 훨씬 좋아진다. 야구에서도 그러하다. 선수가 배트를 짧게 잡으면 스윙의 파워는 줄지만 공을 배트의 중심에 정확히 맞힐 수 있기 때문에 장타도 가능하다. 마찬가지로 연간 목표도 월간 목표로 짧게 잡고 업무 계획으로 달성하자. 풀어서 말하면 연간 목표를 월간 목표로 세분화하되, 월별로 팀장과 팀원이 서로 업무 계획을 의논하는 워크숍이 필요하다. 이 워크숍은 연간 목표를 월간 목표로 세분화하는 '연간 목표 트래킹', 월간 목표와 성과 간 비교로 목표와 성과 간 오차를 파악하는 '스태거 차트', 그리고 파악한 오차를 줄여나가기 위해 운영하는 '이번 달 성과 복기'와 '다음 달 액션 플랜' 등 4가지로 구성된다. 하나씩 살펴보자.

먼저, 연간 목표 트래킹에는 연말에 달성할 목표를 기준으로 역산하여 월별로 달성할 과정 목표를 설정 관리하기 위한 성장률을 파악하는 것으로 이루어진다. 다음은 영업팀의 연간 목표 트래킹 사례이다.

사례 6-1 영업팀 연간 목표 트래킹

연간 목표		과정 목표												성장률		예외사항
핵심 성과지표 [KPI]	달성 정도 [숫자]	1월	2월	3월	4월	5월	6월	7월	8월	9월	10월	11월	12월	최근 6주 간 성장율	전년도 동기 대비 성장률	
매출액	480 억 원	150 억 원	270 억 원	300 억 원									1200 억 원			
신규 고객 수	310명	50명	80명	100명									310명			
영업 프로 세스	100%	영업 프로 세스	고객 클레임	주문 프로 세스									판매 재고 일치율			
개선율		개선 설계	분석	개선									100%			
신규 영업 제안 수	70건	점포 개발 제안 10건	제안 15건	환경 개선 제안 20건									70건 [점포 개발, 환경, 채권 관리]			
마스터 영업 사원율	40명	마스터 영업 육성 계획 설계											영업 마스터 40명			
영업 직접 클레임률	5%	1%	2%	1%									5%			
영업 메뉴얼 갱신율	100%	영업 메뉴얼 설계	현장 이슈 수집	사내 전문가 선정									영업 메뉴얼 5건			

연간 목표 트래킹은 연간 목표, 과정 목표, 성장률, 예외 사항 등으로 구성된다. 연간 목표 트래킹은 팀의 여러 목표가 현재 어디까지 달성되었고, 어떤 성장 추세인지를 파악하며, 과제별 개선 포인트가 무엇인지를 파악하는 것이 목적이다. 연간 목표 트래킹의 연간 목표와 과정 목표 등으로 진행 사항을 파악하고, 연간 목표와 과정 목표의 인과 관계, 관련 관계 등을 이해할 수 있다. 특히 연간 목표 트래킹에서 과정 목표는 스태거 차트 방법으로 설정한다.

연간 목표는 사업 계획에 수립한 목표이다. 과정 목표는 올해 목표를 달성하기 위해 특정 시점에 실행해야 하는 목표들로 단위 결과물이다. 기본적으로 목표는 업무의 방향을 나타내는 전략과제, 업무의 목적 달성 여부를 확인할 수 있는 핵심성과지표, 달성 정도를 나타내는 목표 숫자로 구성되니까, 연간 목표 트래킹의 과정 목표에도 핵심성과지표와 목표 숫자로 표기한다. 과정 목표는 항상 올해 말 성과를 기준으로 역산해서 분기별 또는 월별로 목표를 설정한다. 주의할 점은 결코 업무 진행 순서를 쓰면 안 된다. 올해 말 12월까지 설비를 구축 완료하고 가동률을 100%까지 완료한다면, 과정 목표는 9월 시험 가동률 80%로, 6월은 시험 가동 승인, 3월은 설계 완성 등의 순서로 역산하여 설정한다. 즉, 12월에 도착할 목적지를 중심으로 업무의 특성과 환경을 고려하여 분기별 또는 월별로 경유지를 설정한다. 만약, 업무 환경의 불확실성이 크다면 분기보다는 월별로 트래킹 기간을 짧게 잡아 연말에 목표를 달성하기 위한 업무의 결과물을 중간 목표로 설정한다. 목표 가속화 효과에서 설명했듯이, 분기보다 월간이 예상 변수가 적어 목표 달성을 위한 결과물을 더 명확히 할 수 있고, 투입되는 시간과 인력도 적중시킬 수 있다.

과정 목표는 최종 성과에 도달하기 위한 경유지 역할을 한다. 징검다리이자 마일스톤이다. 과정 목표는 업무 진행의 가이드이고, 연간 목표는 최종 성과이다. 연간 성과지표는 목적지표로 의도한 결과인 성과를 지향한다면, 과정 목표는 목표 달성을 위해 관리 가능한 목표를 감독하겠다는 의도이다. 다시 강조하지만, 팀 성과 대시보드로 달성 여부만을 파악하는 점검이 아닌 팀 성과 달성에 영향을 미치지 못하는 지표나 팀 성과에 직접적 관계가 없는 과정 목표를 제외하고 다른 과정 목표로 대체하는 데 활용한다. 과정 목표가 신·구제품 구성률, 경쟁사 대비 가격차액 관리율, 배송 기간 준수율, 구매 정보 제공 편의성 등의 성과를 달성하기 위한 전제 조건이라면, 연간 목표는 핵심 고객 재주문율, 매출액, 이익 등으로 연말에 성취해야 할 최종 성과이다. 그래서 과정 목표는 팀원의 목표이고, 연간 목표는 팀장이 설정하여 누가 책임지고 통제할 것인지를 명확히 구분한다. 업무 계획은 단기간으로 짜고 실행에 집중하기 때문에 과정 목표를 설정해서 운영한다. 그렇다고 해도 업무 목적은 반드시 염두에 두고 과정 목표를 설정하고 운영한다.

목적을 염두에 둔 과정 목표는, 목적 달성 여부를 확인할 수 있는 성과지표를 기준으로 일의 프로세스를 역산하여 선행되어야 할 업무 단계, 업무 내용, 타깃 등을 설정하는 것이다. 예를 들어 12월에 뉴욕으로 크리스마스 휴가를 가기로 정했다면, 11월에 짐 싸기, 9월에 비행기 표 예매, 8월에 숙소 확보, 6월에 뉴욕 관광과 여행 일정 수립 등으로 마일스톤을 수립하고 준비하는 것과 마찬가지다. 과정 목표가 내부

지향적이고 운영 중심적 지표라면, 연간 목표는 외부 지향적이고 고객 중심의 데이터이다. 어떤 성과관리 시스템이든 과정 목표와 성과지표 간 관계를 알아야 한다. 관계가 있어 보이고 연결되는 지표들을 나열할지, 직접적인 원인과 결과로 이어지는 지표를 설정하여 관리할지는 팀장과 팀원 간의 합의에 의해 결정한다. 과정 없는 결과가 없고 결과 없는 과정은 의미가 없다.

연간 목표 트래킹은 최종 목적지인 연간 목표에 도착하기 위한 경유지인 과정 목표를 알 수 있고, 팀원이 하는 일이 팀의 목표에 어떤 영향을 미치는지 알 수 있다. 단순히 달성률을 파악하는 것을 넘어, 팀 핵심성과지표와 팀원 핵심성과지표를 동시에 넣어 핵심성과지표 간 어떤 관계인지를 파악하고, 연간 목표가 미달성되지 않도록 이슈들을 사전에 파악하고 조치할 수 있다. 연간 목표의 미달성 여부와 이슈 사항은 성장률과 예외 사항에서 기록하고 관리한다.

성장률은 최근 6주간 성장률과 전년도 동기 대비 성장률의 변화 등으로 핵심성과지표의 성장 추세를 파악한다. 팀 핵심성과지표와 팀원 핵심성과지표 비교로 팀 성과를 내기 위해 팀원의 업무 중 어떤 업무 프로세스에 병목 현상이 일어나는지, 주요 원인을 관리하고 있는지를 파악하기 위해 연간 목표 트래킹에서 관리한다. 팀 핵심성과지표가 최종 성과를 설정한다면, 팀원 핵심성과지표는 팀 목표를 달성하기 위한 가설 하나하나를 반영한다. 예를 들어 영업팀 매출액은 신규 고객이 매출액에 많이 기여할 것이라 생각해서 팀장은 매출액, 팀원은 신규 고객 수 등을 설정한다. 그런데 만약 매출액은 오르는데, 팀원이 맡고 있는 신규 고객 수는 떨어지거나 변화가 미미하다면 분명 팀의 전략과

가설이 시장에서 먹히고 있지 않다는 뜻이니 시장을 확인하고 점검하여 영업 전략을 다시 세우거나 신규 고객 수를 높이기 위한 대응이 필요하다. 이처럼 연간 목표 트래킹은 목표 달성의 상태뿐만 아니라 지표 간 관계를 파악하여 감춰진 원인을 찾아 전략적 대안을 고민하는 커뮤니케이션 도구로 쓰인다.

예외 사항에는 일상적 업무 프로세스에서 벗어나는 예외 사항, 비일상적인 사항을 가리킨다. 예외 사항은 현재 업무 프로세스와 매뉴얼이 현장을 반영하지 못하면, 즉각적인 수정 보완을 위해 팀장과 팀원이 서로 기록하여 공유한다. 예를 들어 영업팀이라면 일상적 주문과 발송의 시간에서 벗어난 급발주, 급발송 등은 예외적인 사항이다. 인사팀은 특정 시기에 경쟁사로의 이직, 채용 프로세스에 대한 불만 사항이나 불편 사항 등이다.

월간 목표는 과정 목표로써 연초에 한꺼번에 설정하지 않는다. 월별로 설정한다. 즉, 과정 목표는 가능한 매달 갱신하여 최신 예측 목표와 이전 예측 목표를 비교하고, 오차와 그 이유를 찾아낸다. 예를 들어 1월에는 1월, 2월, 3월의 중간 목표를 예측하고, 그 다음달 2월에 예측한 1월 목표와 실제 달성한 1월 성과를 비교하여 과정 목표의 오차를 파악하고 월간의 적중률을 높여간다. 하나의 예측치가 다음의 예측치와 얼마나 차이 나는지 확인하여 상황에 따른 목표 예측의 오차를 좁힌다. 인텔의 전 CEO인 앤드류 그로브(Andrew S. Grove)는 이를 스태거 차트라고 했다.[6] 즉, 분기별로 목표를 예측하여 지속적으로 엇걸리게 배열함으로써 환경 변화에 따른 목표 예측의 오차율을 줄여나가고, 계획의 오류를 파악하여 업무에 대한 질과 속도를 보완한다는 뜻으로 해석할 수 있다. 앞선 영업팀 목표 중 매출액을 사례로 스태거 차트를 이해해보자.

예시 6-1 매출액에 대한 스태거 차트 분석[7]

(단위 억 원)

예측 실시 월 ＼ 월별 성과	1월	2월	3월	4월	5월	6월	7월	8월	9월	10월	11월	12월
전년도 12월	22	28	34									
1월	*23	27	33	31								
2월		*21	30	20	35							
3월			*29	32	32	32						
4월				*27	32	31	32					
5월					*27	27	31	30				
6월						*26	28	29	39			
오차율(%)	+4.5	-2.3	+3.4	+1.8	+1.8	+3						

*표시는 해당 월에 실제 발생한 매출액을 기록

예시에서 보면 전년도 12월에 다음 연도 1월부터 3월까지의 매출액을 예상한다. 예상한 중간 목표는 1월 22억 원, 2월 28억 원, 3월 34억 원으로 예측한다. 실제 1월에 달성한 성과가 23억 원이라면 예측한 22억 원과의 오차율은 4.5%로 추가 달성했다. 추가 달성한 것이 중요한 것이 아니라 예측이 틀렸고, 그 오차율이 4.5% 상향되었다는 것이다. 그렇다면 다음 달에 예측할 때는 4.5% 상향해서 예측한다. 1월에는 2월, 3월, 4월을 예측하여 과정 목표를 설정한다. 2월은 27억 원, 3월은 33억 원, 4월은 추가 예측한다. 2월이 되면 2월에 예측한 성과와 실제 달성한 성과를 비교하여 오차율을 계산하고 다음 3월에 반영하여 과정 목표를 설정한다. 이 과정을 통해 예측 오차율을 줄이고 과정 목표를 지속적으로 관리한다. 매달 예측 목표와 실제 성과를 비교하여 오차가 발생된 요인을 파악하고 관리 방안을 추가하는 방법으로 운영한다. 이와 같은 스태거 분석은 실제 결과뿐만 아니라 예측치가 변해가는 경향을 보여준다. 만약 예측치의 변동이 자주 관찰되면 부정확한 원인을 밝힘으로써 일정 기간의 예측 능력을 향상시켜나갈 수 있다. 정리하면 연간 목표 트래킹에서 월별 목표를 연초에 한꺼번에 수립하지 말고, 매월 3개월 치 예측 목표를 세운 뒤, 그 다음 3개월 치 예측 목표를 번갈아서 겹치도록 세워 자신이 생각하는 목표와 실제 달성한 성과의 오차를 찾아내는 것이다.

이처럼 3개월 치 예측 목표를 번갈아 겹치도록 세우는 이유는 예측 목표의 적중률을 높이기 위해서이다. 즉, 업무 환경은 변하는데, 연초에 월간 목표인 과정 목표를 한꺼번에 예측해서 운영하는 방법은 정확도가 매우 떨어진다. 따라서 연간 목표를 가능한 잘게 나누어서 예측치를 설정하고 관리한다. 업무는 펄떡거리는 생물이라 끊임없이 진화하기 때문에, 팀장과 팀원이 얼마나 유연하게 대처하느냐가 관건이다. 어떤 일을 하든지 보통은 주어진 시간을 다 활용하기 마련이다. 더욱이 시간이 넉넉하다고 해서 반드시 좋은 품질의 성과가 나온다고 볼수 없다. 시간의 제한을 두어 긴장감과 업무 속도를 높이고, 오차율의 관리를 통해 성과를 질적으로 관리하자.

스태거 차트에서 중요한 점은 성과 달성을 넘어, 전략이 오작동하거나 관리하지 못한 요인을 찾아내는 것이다. 즉, 판단과 전략의 오차를 분석해서 보완하자는 것은 성과를 질적으로 관리하자는 의미이다. 스태거 차트 분석은 팀장이 별도로 운영한다. 스태거 차트로 예측한 목표와 달성한 성과 간 오차를 좁히기 위해 다음 달에는 무엇을 관리할지를 가늠할 수 있다. 지금까지 연간 목표 트래킹에서 스태거 분석 방법을 살펴보았다. 이제부터는 이렇게 밝혀진 오류율을 좁히기 위해 이번 달 월간 성과 전략을 어떻게 분석하고 다음 달 액션 플랜을 어떻게 세워야 하는지 살펴보자.

이번 달을 복기하고, 다음 달을 계획하자

업무 계획은 성과에 중요한 영향을 미치는 성공 요인과 장애 요인을 바탕으로 과제를 도출하여 실천할 일정을 결정하는 일이다. 보통 업무 계획을 세울 때 일이 시작된 배경과 목적을 잊고 업무의 실행 활동만 나열한다. 업무 계획 수립에서 중요한 포인트는 지속적으로 요인을 분석하여 성과를 달성하기 위한 전략을 보완하는 일이다. 연간 목표를 월간 목표로 쪼개고, 설정된 월간 목표와 달성한 월간 성과 사이의 오차를 확인했다면, 그 오차가 발생된 요인을 찾아 지속적으로 보완하자. 계속해서 이번 달 성과 복기와 다음 달 액션 플랜을 어떤 단계로 팀장과 팀원이 운영하면 되는지 방법을 알아보자.

이번 달 성과 복기와 다음 달 액션 플랜은 팀장과 팀원이 함께 수립한다. 요즘처럼 업무 환경의 부침이 심하면 팀장과 팀원은 목표 달성을 위해 이번 달 성과를 복기하고 다음 달 계획을 같이 수립한다. 이런 과정을 통해 팀장은 팀원의 성과를 달성하기 위한 전략을 튜닝하도록 도울 수 있고, 팀원은 업무 계획을 수행하며 필요한 지원 사항을 팀장에게 요청할 수 있다. 이번 달 성과 복기와 다음 달 액션 플랜을 팀장과 팀원이 함께 보지 않으면 전략적 공감대를 형성하기 어렵다. 즉, 팀장은 팀원들의 계획이 마뜩치 않고, 팀원은 팀원대로 혼자 일하는 것 같은 속앓이를 하기 마련이다. 결국 팀원은 자신이 중요하게 생각하는 일에 집중하고 팀장은 임원이 찾는 업무에 대응하며 팀은 어수선한 분위기에 처한다. 아울러 팀장과 팀원이 이번 달 성과 복기와 다음 달 액션 플랜을 함께 수립하지 않으면 팀장은 팀원의 주간과 일일 계획에 매번 간섭할 수밖에 없다. 정리하면 이번 달 성과 복기와 다음 달 액션 플랜을 함께 수립하는 활동은 팀장과 팀원 간 협업, 팀장과 팀원 간 권한 위임을 위해 필요하다.

먼저 이번 달 성과 복기를 어떻게 하는지 살펴보자. 이번 달 성과 복기는 성과를 리뷰하여 목표 대비 어느 정도 성과를 냈는지, 성과를 내기 위해 어떤 요인을 관리했는지, 또는 어떤 요인을 놓쳤는지를 살펴본다. 이번 달 성과 복기는 연간 목표, 실행 여부, 성과 복기로 구성된다. 연간 목표는 그 일을 왜 하고 무엇을 이루려 하는지를 밝히고, 실행 여부는 목표를 달성하기 위해 한 일은 무엇이고 제대로 실행했는지를 확인하는 내용이다. 성과 복기는 달성하지 못한 성과와 그 이유, 요인을 찾아내고, 미처 달성하지 못한 성과를 보완하기 위해 다음 달에 어떻게 할지와 이를 위해 팀장에게 요청할 지원 사항으로 이루어진다.

영업팀의 이번 달 성과 복기를 살펴보며 좀 더 구체적으로 이해하자.

사례 6-2 영업팀의 이번 달 성과 복기[8]

월간 목표		실행 여부			성과 복기	
		실행 과제	완료일	달성률		
전략 과제	신제품 매출 증대	• 신제품 A 매출액 26억 원	8/30	38억 원 (월 목표 40억 원 대비 95% 달성)	이번 달 미달성 성과	신제품 매출액 2억 원
핵심 성과 지표	신제품 매출액	• 기타 신제품 매출액 12억 원	8/30		요인 분석	• 저가형 B제품의 경우 타사에서 이벤트로 유사 기능의 제품을 20% 정도 저가에 공급함 − 유사 기능 제품의 저가 공급 • 다른 채널 확보 및 가격 경쟁력 확보 필요 • 홈쇼핑을 통해 저가형 제품 B를 할인 판매할 계획 수립(홈쇼핑 채널, 시즌 할인 행사)
		• 고객 재구매율 75%	8/27			
달성 수준	40 억 원	• 판촉비 절감률 17%	8/25		지원 요청 사항	• 팀장, B제품의 가격 조정 및 판매 일정을 마케팅팀 논의 요청(동료기여과제)

맨 좌측에는 이번 달 목표를 반영한다. 이번 달 목표는 앞서 설명한 연간 목표 트래킹에서 확인한다. 연간 목표 트래킹에서 이번 달 목표를 트래킹함으로써 전략과제의 목적을 유지한다. 중간에 있는 실행 여부는 이번 달 성과를 달성하기 위해 이번 달에 실행하기로 한 계획들의 완료 여부이다. 이번 달 성과를 달성하기 위해 어떤 타깃을 대상으로 어떤 계획을 실행했는지, 연간 성과 대비 어느 정도의 성과에 도달

했는지 등을 달성률로 확인한다. 맨 우측에 있는 성과 복기는 이번 달에 미달성한 성과와 그 원인을 분석한 내용이다. 지원 요청 사항에는 팀원이 분석한 원인에 따라 팀장에게 요청할 지원 사항과 미달성한 성과를 달성하기 위한 계획을 기록한다. 이외에도 팀원은 팀장과 의논하여 다른 팀이나 다른 팀원에게 요청할 사항을 기록한다. 지원 요청 사항에 기록하는 내용이 주로 팀 간 또는 팀원 간 서로 도와줘야 하는 동료기여과제들이다. 동료기여과제들은 자신의 업무를 다른 팀원이나 다른 팀으로 넘기거나 회피하는 '업무 던지기'가 아니다. 따라서 동료기여과제는 팀원 자신이 어떤 목표를 달성하기 위해서 요인을 찾았는지, 그리고 자신은 어떤 과제를 실행하고, 다른 팀이나 동료들에게 왜 요청하는지를 분명히 밝히고 팀장과 함께 동료기여과제로 채택한다. 사례에서는 영업팀에서 마케팅팀에게 홈쇼핑 판매를 위해 필요한 지원 사항을 정리했다.

다음은 다음 달 액션 플랜이다. 이번 달 성과 복기에서 찾은 요인 분석과 다음 달에 예상되는 장애 요인 등을 고려하여 액션 계획을 수립한다. 액션 계획은 월간 목표, 요인 분석, 세부 계획 등으로 이루어진다. 사례 6-3은 계속해서 영업팀의 다음 달 액션 플랜이다.

다음 달 액션 플랜에서도 계속해서 집중 관리하는 것은 중간에 위치한 요인 분석이다. 요인 분석을 통해 다음 달에 무엇을 왜 하는지, 어떤 전략을 구사할 것인지를 집중적으로 관리한다. 지속적인 요인 분석을 통해 어떤 일을 수행하여 어느 정도의 효과가 있는지 등을 찾아내 연간의 성과 달성 가능성을 높이려는 의도이다.

월간 목표		요인 분석	세부 계획				
			실행 과제	핵심 성과지표	목표 수준	예정일	담당
전략 과제	신제품 매출 증대	전략적 신제품 A 매출액 높임	신제품 판매 촉진	신제품 A 매출액	25억 원	9/30	김성진
핵심 성과 지표	신제품 매출액	저가형 B제품을 홈쇼핑을 통한 판매	홈쇼핑 추가 편성 반영	기타 신제품 매출액	15억 원	9/30	이종한
		제품 판촉비를 낮추어 비용을 절감함	판촉비 관리 강화	판촉비 절감율	15%	9/30	이상준
달성 수준	40 억 원	VIP고객의 재구매율을 높임	고객 재구매 유도 홍보 강화	VIP고객 재구매액	4억 원	9/20	한정빈
		저가형 B제품에 대한 할인 정책 조정	홈쇼핑 공동 단기 할인 전략 수립	홈쇼핑 공통 단가 준수율	95%	9/25	정하철

이번 달 성과 복기와 다음 달 액션 플랜에 담기는 요인은 2가지이다. 하나는 성공 요인으로 목표 달성에 긍정적인 영향을 미치고, 자신이 관리 가능한 요인이다. 다른 하나는 장애 요인으로 성과 달성에 부정적인 영향을 미치고 직접적인 관리가 불가능한 요인이다. 성공 요인은 주로 과거 성과를 분석해서 반드시 관리해야 할 요인이라 핵심 성공 요인이고, 장애요인은 예상되는 환경에 따른 위험 요소라 발생될 수도 있고 그렇지 않을 수도 있어 예상 장애 요인이라고 부른다. 이

번 달 성과 복기에서 찾아낸 성공 요인 중 다음 달에도 반드시 관리해야 할 요인이 있다면 이를 바탕으로 실행 계획을 세운다. 아울러 예상되는 어려움이나 위험 요인이 있다면 예상 장애 요인으로 정하여 실행 계획에 반영한다. 다음 달 액션 플랜은 팀장과 팀원이 관리할 상수와 자기 통제 밖에 있는 변수들에 어떻게 대응할지를 의논하고 결정하는 시간이다. 결국 성과는 상수와 변수를 어떻게 다뤘는지에 대한 결과이다. 상수를 변수로 착각하면 고민이 많아지고, 변수를 상수로 판단하면 계획의 오류가 생긴다. 여기까지가 업무 계획을 관리하는 4가지 도구인 연간 목표 트래킹, 스태거 차트 분석, 이번 달 성과 복기, 다음 달 액션 플랜에 대한 설명이다.

다음은 업무 계획의 오류를 줄이고, 자신의 성과 전략 적중률을 높이기 위해, 평소 요인들을 어떻게 찾아내고 관리하면 되는지 방법을 살펴보자. 요인을 찾아내고 관리하는 방법은 2가지다. 성과사전부검, 전략 인벤토리 구축이다. 먼저 성과사전부검은 수립된 액션 플랜을 실행하기 전에 심리적 부담을 줄이려는 목적이다. 성과사전부검은 심리적으로 꺼림칙한 이유도 추가하여 심리적 부담을 낮추려는 활동이다. 성과사전부검은 다음 달 액션 플랜을 다 세운 후에 팀장과 팀원이 실시한다. 방법은 다음 달 액션 플랜대로 했음에도 미달성되는 성과가 있다면 그것이 무엇이고, 무슨 이유 때문일지 가정해서 팀장과 팀원이 이야기를 나눈다. 주로 팀장이 팀원들에게 다음과 같이 안내하고 팀원들은 가정해서 의견을 제시한다.

"다음 달 액션 플랜을 수립하느라 고생했어요. 하지만 여러분께서 수립한 다음 달 업무 계획대로 실행해도 성과가 미달성되었다면 그 이유는 무엇일까요? 한번 상상해서 적어봅시다. 즉, 다음 달 성과가 미달성이라고 가정하고 그 상황과 원인을 정리해봅시다. 예를 들어 계획대로 했지만 미달성이 되었다면 팀장이 자꾸 계획을 바꿔서라든지, 또는 임원께서 긴급한 업무를 지시해서라든지 하는 원인이 있을 것입니다. 제가 생각하지 못하는 원인이 있을 수 있으니 10분 정도 여유를 갖고 정리해봅시다. 포스트잇에 작성하셔서 저에게 제출하시고 월간 회의를 마무리 합시다."

팀원들은 팀장의 안내에 따라 성과를 달성하지 못한 상황을 그려본다. 먼저 성과가 미달성되면 어떤 분위기일지, 어떤 모습일지 등을 적어본다. 당연히 상상하기 싫겠지만, 달성하지 못한 상황이 벌어진 원인을 자신의 생각대로 정리한다. 예를 들어 이번 달 목표 중에 반드시 납품해야 하는 제품이 있는데, 달성하지 못했다면 제품 출하 지연으로 가정할 수 있고, 제품의 출하가 지연된 원인으로 '출하팀과 배송 조건 공유 미흡' 등을 떠올릴 수 있다. '출하팀과 배송 조건 공유 미흡'에 대한 대책이 다음 달 액션 플랜에 반영되었다면 무시하지만, 만일 놓쳤다면 액션 플랜에 반영한다. 아울러 성과사전부검에서도 다른 팀원이나 팀에 요청할 동료기여과제를 찾을 수 있다. 성과사전부검에서 찾은 동료기여과제도 팀장과 팀원은 의논하여 선정한다. 앞서도 설명했지만, 동료기여과제는 업무 회피가 되어선 안 되기 때문에 그 의도와 명분, 목적을 명확히 해야 한다. 팀장과 팀원들은 각자 정리한 미달성 상황과 원인을 모아 살펴보고 액션 플랜에 반영한다. 액션 플랜을 세우는 일은 기계적이고 반복적인 일상으로 받아들이지 말고, 팀장과 팀원이 토의하고 서로의 실수를 메우고 부담감을 줄이는 시간이 되어야 한다.

사례 6-4 영업팀의 전략 인벤토리

구분	제1현장 – 자신의 성과에 직접적으로 영향을 미치는 영역 – 팀장과 팀원이 직접 관리하는 영역	제2현장 – 자신의 성과에 간접적으로 영향을 미치는 영역 – 영향을 끼치나 관리하지 못하는 영역
객관적 사실 – 본대로, 들은 대로의 내용 – 육하원칙에 적합한 내용	팀장/팀원이 직접 관리하는 업무 영역 데이터/사실 – 최근 3년간 업무 이슈, 업무 히스토리 – 업무 현황, 업무 분장 등	타 팀의 업무 동향 (주요 업무, 인력 현황 등) 경쟁사 동향 (영업 인력 수·신제품 개발/출시 등) 업계, 지역 업체 동향 (경쟁사 투자/전략, 협력 업체 등)
주관적 의견 – 관찰한 사실이 우리 팀과 자신의 성과에 미칠 영향과 의견 – 의견은 성공 요인 또는 장애 요인의 2가지로 구분 – 자신이 생각하는 해결 방법	제1현장 사실의 변화에 따른 의견 – 데이터 증가에 따른 자기 성과에 미칠 의견 – 관련된 사실이 미칠 영향(장점, 단점) – 기타 예상되는 효과 등	제2현장 사실 변화에 따른 의견 – 데이터 증가에 따른 자기 성과에 미칠 의견 – 관련된 사실이 미칠 영향(장점 또는 단점) – 기타 예상되는 효과 등

요인을 평소에 관리하는 두 번째 방법은 전략 인벤토리 구축이다. 전략 인벤토리는 성과에 영향을 미치는 요인을 모아두는 도구이다. 즉, 이전 액션 플랜과 다른 팀의 업무 협의, 협조 사항을 재검토하여 성

과에 영향을 미치는 성공 요인과 장애 요인을 축적하는 도구이다. 다음은 영업팀 전략 인벤토리의 사례이다.

영업팀의 전략 인벤토리는 영업팀의 성과 달성에 영향을 미치는 요인들을 정리해두는 창고이다. 따라서 영업팀이 상대하는 현장과 그 내용을 중심으로 나눠 살펴볼 수 있다. 영업팀이 직접적으로 관리하는 업무 영역을 제1현장으로, 영업팀이 직접 관리하지 못하지만 간접적으로 영향을 미치는 업무 영역을 제2현장으로 구분할 수 있다. 예를 들어 영업팀의 제1현장은 영업팀이 직접 관리하고 대응하는 영역이니 고객의 거래처 같은 것이 있다. 반면 영업팀의 제2현장은 직접 관리하지는 않지만 업무의 협의, 협조 등의 영역으로 생산팀, 구매팀, 마케팅팀 등이 될 수 있다. 다른 예로는 연구개발팀 제1현장은 연구원들과 함께 일하는 제품연구팀원과 기술개발팀원들이고, 연구개발팀의 제2현장은 연구 개발을 지원하는 팀, 상품 판매 전략과 회사의 마케팅 전략을 수립하는 마케팅팀 또는 기획팀 등이다. 다시 말해 제1현장, 제2현장은 물리적 개념이 아닌 관리의 범위(Span of Control)이다. 전략을 수립할 때 필요한 요인은 어떤 사실을 바탕으로 한 의견에 의해서 만들어진다.

여기서 사실은 현장에서 관찰한 사실이며, 자신이 본 대로 들은 대로 기록한 것을 가리킨다. 예를 들어 '경쟁사가 신제품을 출시했다'보다 '경쟁사가 어떤 제품을, 언제, 어떤 이벤트를 통해, 어떤 고객을 대상으로 출시했다'로 육하원칙에 의해서 파악하고 기록한다. 과학수사대가 범죄 현장을 감식하듯 구체적 숫자와 사실을 파악해야 나중에 성과를 복기하거나 액션 플랜을 수립할 때 두 번 세 번 일하지 않고 한방에 끝낼 수 있다. 평소에 미리 전략 인벤토리에 들어갈 사실과 데이터 등을 가공하고 챙겨두면 수고를 덜 수 있다.

의견은 보고 들은 대로 파악하고 6하 원칙에 따라 기록한 내용에 자신의 의견을 덧붙인 것이다. 팀장과 팀원이 챙길 두 번째 재료는 의견이다. 의견은 사실과 데이터를 근거하여 어떻게 해석하느냐에 달려 있으므로 주관적이다. 즉, 어떤 사실이 있는지를 말하는 것이 사실과 데이터라면 이 사실이 우리에게 어떤 영향을 미칠지, 무엇이 중요한지에 대한 우선순위를 이야기한다. 따라서 각자 중요하다고 보는 관점도 다르고 대응 방법, 해결 방법도 다양할 수 있다. 혼자만의 생각보다 각자의 고민을 모아서 최선의 방법을 선택하는 것이 중요하다. 앞서 이야기한 대로 경쟁사가 신제품을 출시했다면 우리 팀 성과에 어떤 영향을 미칠지에 대한 생각이 의견이다. 예를 들어 경쟁사가 신제품을 출시한 사실로 인해 우리 제품의 매출 저하가 예상된다면 예상 장애 요인으로 판단하고 기록하는 것이 주관적 의견이다.

팀장과 팀원은 일상적 회의나 워크숍을 곧바로 시작하기보다 10분 정도 팀의 전략 인벤토리를 채우는 시간을 갖길 권한다. 회의나 워크숍에서 팀장이 어떤 말을 하면 팀원들은 팀장이 말한 방향으로 쏠리는 경향이 있기 때문에, 그걸 방지하고 팀원들의 활발한 참여를 유도하기 위해서 전략 인벤토리 타임을 갖는다. 10분 전략 인벤토리 타임은 팀장과 팀원이 각자 포스트잇을 1장 준비하는 것으로 시작한다. 준비한 포스트잇에 자신이 파악한 제1현장, 제2현장의 사실을 기록하고 그 밑에 자신의 의견을 적는다. 그리고 돌아가면서 발표한다. 발표한 내용의 사례인 '영업팀 전략 인벤토리'를 2×2 매트릭스에 담아두면 나중에 성과 복기, 액션 플랜을 세울 때 도움이 된다. 이제 준비는 마쳤으니 팀장과 팀원이 함께 하는 이번 달 성과 복기와 다음 달 액션 플랜을 수립하는 구체적인 단계와 역할을 살펴보자.

월간업무계획 워크숍 운영 방법

팀장과 팀원이 함께 운영하는 팀 월간업무계획 워크숍은 6단계로 이루어진다. 팀장은 팀 연간 목표 트래킹에서 팀 목표의 달성률을 1단계에서 확인한다. 모든 목표가 기대대로 달성된다면 별 문제가 없지만, 예상외로 목표가 부진하거나 예상한 것보다 목표를 초과하는 상황이 발생하면 팀 성과에 대한 스태거 차트를 활용해서 목표와 성과 간 오차율을 파악한다. 팀장은 어느 정도의 오차인지, 오차의 발생 원인을 전략 인벤토리를 활용하여 찾아보고, 팀원들과 함께 분석하고 대책을 수립할 팀 월간 워크숍을 소집한다. 스태거 차트는 팀장이 공식적으로 관리한다.

2단계로 팀원은 팀 월간업무계획 워크숍을 준비한다. 즉, 팀원은 담당 업무에 대한 이번 달 성과 복기를 실시한다. 하기로 한 일을 실행했는지 확인하고, 달성하지 못한 성과가 있다면 미달성한 원인을 찾아 팀 월간업무계획 워크숍에 참석한다.

3단계에서는 팀장과 팀원이 함께 이번 달 성과 복기를 실시한다. 이번 달 성과 복기는 이번 달의 목표 달성률을 확인하는 것이다. 100% 달성했다면 팀장과 팀원은 이번 달 성과 복기를 간략히 공유한다. 하지만 이번 달의 목표를 달성하지 못했다면 이번 달 성과 복기를 구체적으로 실시한다. 설정된 목표와 실제 달성한 성과 간 오차율을 확인하고, 오차율이 생긴 원인을 살펴본다. 그리고 이번 달 성과에 대한 요인 분석을 한다. 팀장과 팀원은 각자 이번 달에 집중적으로 관리한 요인은 무엇이며, 놓친 요인은 무엇인지 등을 의논한다. 특히 다음 달 액션 플랜을 세울 때 달성하지 못한 성과를 보완하기 위해 어떤 요인을 추가적으로 관리할지, 아울러 오차율을 낮추기 위해 집중 관리할 요인을 구체적으로 정한다. 요인 분석에서 다른 팀의 도움이 필요하다면 팀장과 팀원은 동료기여과제를 만들어 팀장이 다른 팀에게 요청한다.

4단계에서는 다음 달 액션 플랜을 수립한다. 먼저 팀장은 연간 목표 트래킹에서 앞으로 달성해야 할 3개월간 목표를 설명한다. 팀장은 3개월간 달성할 목표의 배경과 어떤 전략으로 어떤 타깃에 집중할지 등을 설명한다. 스태거 차트 분석을 활용하여 팀의 목표들 중 오차율이 심한 것은 추가로 설명하고 팀원들에게 오차율이 생기는 원인을 묻는다.

5단계에서는 팀원들이 각자 다음 달 액션 플랜을 발표한다. 이번 달 액션 플랜은 사업 계획과 달리 곧 실행할 전략이기 때문에 팀장과 팀원이 얼마나 치밀하게 따지고 대책을 수립했는지가 중요하다. 특히 앞서서 실시한 지난 달 성과 복기에서 집중 관리할 요인도 액션 플랜에 반영한다. 다음 달 액션 플랜이 수립되었다면 팀장은 팀원별로 업무쏠림현상이 없는지 확인하고, 팀원과 의논하여 필요하면 새롭게 업무를 배분한다.

6단계는 팀 월간업무계획 워크숍의 마무리이다. 앞서서 말한 대로 팀장은 팀원들에게 성과사전부검을 실시한다. 성과사전부검은 워크숍 동안에 미처 말하지 못한 의견이나 심리적으로 꺼림칙한 요인들이 있으면 추가적으로 대화하기 위한 활동이므로 워크숍 마무리 쯤 5분 정도 시간을 두어 가볍게 이야기한다. 팀장은 연간 목표 트래킹과 스태거 차트 분석, 그리고 팀 전략 인벤토리를 관리하고 팀원은 자신의 과제에 대한 지난 달 성과 복기와 다음 달 액션 플랜, 개별 전략 인벤토리를 관리한다. 전략 인벤토리는 수시로 팀장과 팀원이 함께 참여하는 회의에서 시작 전 10분간 포스트잇을 활용해서 발표하고 지속적으로 업데이트한다.

팀 월간업무계획 워크숍은 초기에는 이해와 정착을 위해 매월 실시하지만, 어느 정도 익숙해지면 시스템으로 관리하고 실시 횟수를 점차 줄여나간다. 가능한 분기별 1회를 추천한다. 하지만 연간 목표 트래킹, 스태거 차트 분석, 팀 전략 인벤토리, 팀원별 지난 달 성과 복기와 다음 달 액션 플랜은 지속적으로 업데이트한다. 특히 팀원들은 팀 월간업무계획 워크숍을 하지 않아도 자신이 생각하는 요인들을 지속적으로 전략 인벤토리에 반영하여 항상 업데이트한다.

시간을 소재로 하는 영화 중에 〈사랑의 블랙홀〉과 〈엣지 오브 투모로우〉라는 영화가 있다. 이들 영화의 공통점은 같은 시간대에 갇혀 똑같은 날들을 반복한다는 것이다. 〈사랑의 블랙홀〉에서는 주인공이 봄이 오는 성촉절에 갇히고, 〈엣지 오브 투모로우〉에서는 전투에 투입되기 직전의 날에 갇힌다. 두 주인공 모두 자신만 생각하던 이기주의적인 태도에서 다른 사람들과 협업하고 긍정적으로 보내면서 같은 시간대에 갇혀 똑같은 날들을 반복하던 타임루프에서 벗어난다. 같은 날의 반복이라니. 볼 때마다 우리의 회사 생활과 비슷하다. 영화 속 주인공들은 반복되는 하루에서 무엇을 어떻게 할지 고민하다가, 이런 하루에는 포기하고 저런 하루에는 맥 놓고 산다. 능동적으로 사는 하루가 아닌 수동적으로 사라지는 하루를 선택한다. 하지만 스스로 자신을 소중히 여기고 사랑하기 때문에 다른 시도를 거듭하다가 자신이 원하는 일상으로 돌아온다. 자기 자신을 사랑하고 자신이 소중하다면, 같은 하루를 살더라도 조금이라도 다르게 시도하자. 지겨운 밥벌이지만 스스로 내가 소중하다면 다르게 해보자. 좀 다른 방법으로 하루를 시도하자. 어떤 하루는 이렇게, 다른 하루는 저렇게 말이다. 하루의 틈을 벌려 자신을 다르게 만들 새로운 행동을 시도하고 업무 계획에 반영하자. 오늘은 내일로 가는 통로가 아니고 한번 시도해보는 하루이다. 올해도 여느 해와 다르지 않고 무한반복 같지만 "힘들어, 짜증나"보다 "까짓 것, 좋아. 가자"라는 자세로 일하는 것이다. 안 되면 오늘 푹 자고 내일 다시 시도하자.

7

서로에게 힘이 되는 평가 면담을 하고 싶다면

/

팀장은 성과를 복기하고,
팀원은 역량을 개발하자

성과 평가에서 성과 복기로 전환하자

팀장과 팀원들은 인사 평가라는 말을 들으면 '행주', '열쇠', '양날의 검', '냉정과 열정 사이', '산고', '방학 숙제' 등의 이미지가 떠오른다고 했다.

"인사 평가는 저에게 '행주' 같아요. 쥐어짜야 하니까요. 저의 머리든 팀원의 마음이든 아주 꼭 쥐어짜거든요."

"제게는 '열쇠'입니다. 그 이유는 면담에서 잘해야 연봉 협상과 승진 결정의 중요한 키가 되니까 말입니다."

"제 생각엔 '양날의 검'입니다. 평가는 성과 낸 사람에게 보상한다는 룰을 지키기 위해 필요하지만, 잘못 휘두르면 팀장과 팀원 사이에 신뢰가 깨질 수 있기 때문입니다."

"인사 평가 면담은 '냉정과 열정 사이'입니다. 평가는 냉정하지만 면담은 팀장과 팀원이 서로 사람과 자기 일에 대한 열정이 있어야 가능합니다. 그런 면에서 면담은 냉정과 열정 사이에서 밸런스 찾기라고 생각해요."

"저에게는 '산고'입니다. 팀원들의 평가에 대한 어려움이 크기 때문입니다."

"저는 인사 평가를 '방학 숙제'라고 생각해요. 방학 내내 부담이 되다가 기간의 끝에 몰아서 하기 때문이죠."

팀장과 팀원들이 제시한 단어들을 보면 평가 면담에 대한 어려움과 부담이 느껴진다. 그래서 대부분 회사들이 인사 평가에 많은 시간을 투자하고 교육을 실시한다. 실수를 줄이고 올바르게 하기 위해서 말이다. 그렇다면 올바른 인사 평가는 무엇이고, 최근 인사 평가의 트렌드는 어떤지 살펴보자.

인사 평가는 성과 평가와 역량 평가로 구분한다. 보통 성과 평가는 연초에 기대한 목표를 달성했는지, 성과를 내기 위한 전략을 제대로 실행했는지, 보완할 점은 없는지 등을 확인해야 한다. 역량 평가는 회사에서 요구하는 역량, 직무를 수행하는 데 필요한 역량, 역할에 걸맞은 역량 등을 행동으로 발휘했는지 등을 평가자가 관찰하고 근거 있게 평가해야 한다. 하지만 현실은 그렇지 못하고 여전히 평가는 보완할 점이 많다.

여러 회사에서 나타나는 평가 면담의 현상에는 3가지 유형이 있다.

첫 번째 유형은 '잘하고 있음', '꾸준히 노력하기를 희망함' 등 평가 내용이 일반적인 경우이다. 성과 평가는 어느 정도 성과를 냈는지, 미달성한 성과가 있다면 어떻게 보완할지 등을 구체적으로 의논해야 하는데 그렇지 못하다. 두 번째 유형은 평가자가 일방적으로 평가 결과를 통보하는 면담인 경우다. 즉, 평가자인 팀장이 본인은 좋은 평가를 주고 싶었으나 상대평가 제도상 누군가는 저성과를 줘야 하니 어쩔 수 없다는 식으로 일방적으로 통보하는 경우이다. 세 번째 유형은 면담 중 역량 평가에서 팀원의 개인 생활이나 태도 등을 불필요하게 간섭하여 '평소 속마음을 보여주지 않아 역량 평가가 어렵다'는 식으로 말하는 경우가 있다.

　최근 회사의 주요 인력으로 MZ세대의 구성원이 증가하고, 이들이 기존의 인사 평가에 공정성이 지켜지길 바라는 의견이 강조되어 다양한 시도들이 이루어지고 있다. 우리가 살펴볼 시도는 우선 절대평가의 도입이다. 절대평가는 사전에 합의한 평가 기준 대비 달성한 수준을 평가하는 제도로 평가 대상자들의 납득성과 신뢰성을 높이고 팀원의 성장을 유도한다는 장점이 있다. 다만 목표를 설정할 때 많은 시간이 소요되고 팀원의 성장을 이끌어내기 위한 면담 등에 많은 시간이 소요된다는 단점이 있다. 반면 기존의 상대평가는 다른 사람과 비교해서 성과와 역량에 대한 서열을 매기는 평가이다. 상대평가는 목표 설정에 적은 시간이 소요되고, 팀원 간 실력을 확연히 드러낸다는 장점도 있지만, 지나친 경쟁으로 인한 개인주의를 일으키고, 반드시 저성과자를 만든다는 단점이 있다. 물론 절대평가가 선이고, 상대평가가 악이라는 이분법적으로 단정하긴 어렵다. 제도의 장단점도 중요하지만 우리 업무의 특성과 구성원들의 인력 비율, 일하는 특성 등을 고려하여 평가 제도를 채택하고 지속적으로 보완하는 것이 중요하다. 그 다음 시도는 팀장과 팀원 간 평가 면담을 많이 하는 것이다. 그래서 팀장에 대한 평가 면담 교육이 늘어나고 있다. 특히, 최근 평가 교육에서는 평가의 오류나 평가자의 역할만 강조하는 것이 아니라 팀원들과 소통하고 면담하는 방법을 강조한다. 정리하면 기존 평가 면담의 문제점을 보완하고 평가 공정성을 높이며 팀장과 팀원 간 소통이 원활하게 이루어지도록 하기 위해 새로운 인사 평가인 성과 복기가 필요하다.

성과 복기 면담은 작전 타임 시간

성과 복기는 팀장과 팀원이 함께 업무를 종료한 후 성과와 달성하지 못한 목표를 살펴 시사점을 도출하고 다음에 업무할 때 참고하여 팀장의 일 시키는 실력과 팀원의 일하는 실력을 키우는 활동이다. 성과 복기는 달성한 성과를 분석하여 팀원이 잘한 강점을 강조하고, 달성하지 못한 성과를 분해하여 팀원이 놓친 보완점을 발굴하고 실력을 갖추도록 소통하는 방법이다. 바둑계에는 대가들도 지키는 명언이 있다. 바로 '승리한 대국의 복기는 이기는 습관을 만들어주고, 패배한 대국의 복기는 이기는 준비를 만들어준다.'이다. 일할 때도 비슷하다. 자신의 일에서 성과를 내고 자신의 성장을 이루는 사람은, 어느 정도의 성과를 달성했는지 점검하는 것을 넘어서 업무하는 과정에 왜 그렇게 했는지를 살펴보는 과정이 있다. 즉, 성과 복기는 자기의 일을 되돌아

보고 왜 그런 결과가 나왔는지, 일하면서 그 순간에 왜 그런 판단을 했는지, 다르게 했다면 어땠을지 등을 살펴보는 활동이고, 만약 달성하지 못한 성과가 있다면 되풀이하지 않아야 할 실수를 찾아내는 시간을 갖는다. 그렇다면 성과 복기가 무엇인지 구체적인 특징을 살펴보자.

성과 복기는 튜닝(Tuning)이다. 보통 성과 면담을 실시하면 팀장과 팀원은 서로의 잘잘못을 따지는 책임 문제로 몰리는데 성과 복기 면담은 전략을 수정하고 보완하는 전략 튜닝의 시간이다. 즉, 누구의 승패가 아닌 함께 성과를 달성했던 과정을 복기하고, 달성한 성과를 낱낱이 살펴봐야 한다. 그 사이에 나오는 말은 팀장과 팀원 사이에 의견 차이 정도여야 한다. 말싸움도 아니고 비난의 시간도 아닌 업무를 바라보는 관점과 의견의 차이를 나누어야 한다. 생각과 관점의 차이가 비난이나 무시는 아니다. 특히 사람에 대한 평가는 아니어야 한다. 성과 복기는 사람에 대한 등급 매기기가 아니다. 성과 복기는 전략의 탐색 시간이다. 일의 목적을 달성했는지, 목표는 일의 목적을 제대로 반영했는지, 의도한 목표는 달성했는지, 기대한 목표와 달성한 성과 간 격차는 있는지, 어떻게 성과를 달성했는지, 무엇이 주요한 요인이었는지, 놓친 요인은 없는지 등을 탐색한다. 모든 성과는 전략의 흔적을 남긴다. 전략의 흔적을 찾아서 다음 기간에 성과를 재현하는 것이 성과 복기의 목적이다. 성과를 달성했다고 해서 무조건 일하는 방법이 좋았다고 판단할 수 없다. 성과 복기는 성과를 재현하고 더 높은 성과를 높이는 전략 튜닝의 자리다. 성과 복기에 앞서 팀장과 팀원이 서로 감정적 충돌이 예상된다면 성과 복기 내용을 서면으로 작성해서 살펴보고 각자의 의견을 서면으로 주고받는 것도 좋다. 팀장과 팀원이 이번의 실수를 다음에 똑같이 하지 않는 것이 중요하다. 프로세스가 부족하다면 보완하고, 서로 생각을 공유하지 못했다면 의논 횟수를 늘린다. 상대의 의견을 귀 기울여 듣고 다음에 팀의 일하는 방법을 보완한다. 팀장이 잘못했든 팀원이 실패했든 결국 팀은 의도한 성과를 달성하지 못했다. 간혹 기대하던 성과를 냈으니 복기 면담을 하지 않곤 하는데, 행운과 실력을 헷갈리면 회사 생활이 고되어진다. 그러니 팀장과 팀원은 자신들이 생각했던 전략을 제대로 구사했는지, 놓친 것은 없는지, 잘한 것은 무엇인지 복기하자.

성과 복기는 디벨로핑(Developing)이다. 즉, 팀장은 성과 복기를 통해 고객 접점에서 일이 일어나는 동향과 팀원들의 의견을 청취하고, 팀원은 팀끼리 업무가 돌아가는 상황과 회사 내 정보의 흐름을 팀장에게 듣고, 자신이 하는 일이 팀에 어떤 기여를 하는지, 팀장과 임원의 기대와 일 시킨 의도가 무엇인지 이해한다. 즉, 팀장과 팀원에게 서로에게 배우는 역량 개발의 시간이다. 일하면서 실수는 할 수 있다. 하지만 실수가 잦아지면 실력이 된다. 성과 복기는 잦은 실수를 막아주고 실력을 쌓는 시간이다.

팀의 성과는 팀플레이에서 비롯된다. 축구팀이 우승을 하면 스트라이커만 잘해서, 수비만을 잘해서, 감독이 전략을 잘 세워서가 아니라 좋은 전략, 튼튼한 수비, 날카로운 공격이 있기에 가능하다. 즉, 팀으로 일한다는 것은 혼자서 일하는 것이 아니라 함께 책임진 역할을 수행한다는 의미다. 팀장과 팀원의 신뢰는 서로의 역할을 의지하고, 서로가 일하는 방법에 익숙해질 때 싹튼다. 성과를 복기한다는 것은 업무 결과와 아울러 업무 수행의 맥락을 파악하는 것이다. 일을 분해하고 일할 때의 판단을 다시 돌아보는 숙성의 시간이다. 좋은 와인이 숙성의 시간을 거치듯이 말이다. 저절로 이루어지는 신뢰 관계는 없다. 그렇다면 팀장과 팀원은 어떻게 성과 복기를 해야 할까?

성과 복기와 역량 개발 면담 방법

성과 복기는 성과 복기 면담 준비, 성과 복기 면담, 역량 개발 면담의 3단계로 진행된다. 첫 단계는 성과 복기 면담 준비로 성과 복기 면담을 하기 위한 자료를 검토하고 정리하는 단계다. 팀장과 팀원이 각자 성과 복기 면담을 준비한다. 팀장은 팀 성과와 팀원의 성과에 대한 자료를 살펴본다. 성과에 대한 자료는 평가 기간 동안 팀 목표 진행 사항, 평가 대상자인 팀원의 목표 대비 성과, 팀원의 월간 또는 주간업무 계획, 팀원의 역량 개발 실적 등이다. 팀장은 이 자료들을 살펴보며, 팀원에게 면담에서 의논할 내용을 추려낸다. 팀장과 팀원이 면담에서 의논한 내용은 달성한 성과와 보완할 성과에 대한 내용이다. 팀장은 자료를 보며 달성한 성과와 보완할 성과의 내용들을 키워드 중심으로 간추린다. 팀원의 목표와 관련된 성과뿐만 아니라 일상에서 관찰했던 사례 등을 참고하여 성과 복기 면담에서 이야기 나눌 키워드를 추려낸다. 자료를 살펴 추려낸 키워드는 달성한 성과와 보완할 성과로 구분한다. 이때에는 목표 대비 달성한 성과와 팀원의 성과가 팀 성과에 어느 정도 기여했는지를 정리한다. 아울러 성과를 달성할 수 있었던 이유와 업무 수행 과정에서 팀원이 보였던 강점 등을 정리한다. 보완할 성과는 목표 대비 달성하지 못한 성과, 팀장이 판단했을 때 팀원이 성과를 내지 못한 이유, 그리고 달성하지 못한 원인을 어떻게 보완하면 좋을지에 대한 팀장의 의견을 정리한다. 이때 팀원이 성과를 내지 못한 이유를 팀원의 개인적 잘못으로 지적하기보다 다른 방법을 추천하거나 프로세스를 보완하기 등으로 제안한다. 달성한 성과와 보완할 성과에 대한 성과 복기를 바탕으로 팀장은 성과 복기 면담에서 이야기할 메시지를 3가지 정도로 추린다. 이번 성과 복기 면담에서 모든 메시지를 다룰 수 없으면 다음 면담에서 복기해도 된다. 팀장은 3가지 메시지를 달성한 성과에 대한 인정, 달성하지 못한 성과와 새로운 방법이나 프로세스에 대한 제안, 남은 기간 동안 보완하길 바라는 행동에 대한 기대감으로 구성하면 좋다. 말하고 싶은 메시지와 구체적인 사례 등이면 된다.

팀원도 마찬가지로 성과 복기 면담을 준비한다. 본인의 성과와 관련된 자료를 살펴 키워드를 간추린다. 업무별 성과와 주요 추진 사항, 월간 또는 주간업무계획을 보며 달성한 성과와 보완할 성과를 확인한다. 달성한 성과는 목표 대비 성과를 어느 정도 달성했는지를 정리하고 무엇을 잘 관리했는지 등의 내용을 정리한다. 보완할 성과도 목표 대비 달성하지 못한 내용을 정돈하고 그 원인을 밝힌다. 간혹 어떤 팀원들은 달성하지 못한 목표를 숨기거나 목표를 달성하지 못한 원인을 자신의 게으름 등으로 표현하는데, 그보다는 어떤 이유로 업무를 수행했는지, 또는 업무 수행 당시에 썼던 방법 등을 살펴보고 의견을 제안하는 것을 추천한다. 팀원도 마찬가지로 달성한 성과와 달성하지 못한 성과로 나눠 의견을 정리한다. 다음은 성과 복기 양식이다. 팀장과 팀원 모두 성과 복기 시트를 작성하여 공유한다.

표 7-1 성과 복기 대화 시트

달성한 성과	보완할 성과
Q. 본인이 판단한 성과는 무엇인가?	Q. 본인이 판단하는 미달성 성과는 무엇인가?
Q. 목표 대비 성과를 잘 파악하고, 높게 달성했다면 어떤 요인을 관리해서 잘 되었나? – 본인이 판단한 성공 요인과 장애 요인은 무엇인가?	Q. 미달성 성과는 무엇 때문에 발생되었다고 판단하는가? – 본인이 판단했을 때 놓친 전략적 요인(성공 요인, 장애 요인)은 무엇인가?

성과 복기 메시지

Q. 향후 성과를 내기 위해 성과 전략에서 어떤 것을 보완해야 한다고 생각하는가? 그 이유는 무엇인가?

1.

2.

3.

흔히 팀장은 성과 복기 자료를 작성하면 번거롭고 어렵다고 생각하여 팀원들이 작성한 자료를 팀장이 읽어보고 첨삭하는 방법을 많이 쓰는데, 팀원이 작성한 자료에 팀장이 읽고 답하면 내용의 옳고 그릇된 표현이나 입장 차이만 확인하게 된다. 그래서 팀원이 1차 작성하고 팀장이 2차 리뷰하면 팀장의 의견은 없고 오류나 사실이 아닌 것만 확인하고 감정만 상하는 경우를 많이 보았다. 이런 상황을 방지하려면 팀장과 팀원이 성과 복기를 각자하고 서로 비교하며 통합하는 방법을 추천한다. 각자 의견을 작성하고 서로 바꿔서 성과 복기 의견을 읽으면 팀장은 팀원의 입장을, 팀원은 팀장의 의견을 확인하여 생각의 격차를 좁히고 팀장의 일 시키는 방법과 팀원의 일하는 방법을 통합할 수 있기 때문에 좋다. 팀장과 팀원은 각자 작성한 성과 복기 시트를 살펴보고 평가 면담을 실시한다.

다음 단계는 본격적인 성과 복기 면담이다. 성과 복기 면담이 분기별 1회라면 대략 시간은 1시간 정도 운영한다. 처음 20분 동안은 팀장과 팀원이 목표 대비 성과와 팀 성과에 어느 정도 기여했는지 팀원의 팀 성과 기여도를 확인하는 시간을 갖는다. 팀원의 성과, 팀 성과에 대한 기여도를 확인했으면 이어서 팀장과 팀원 모두 성과 복기 메시지를 읽고 의견을 나눈다. 팀원은 자신이 달성한 성과와 성과를 낼 수 있었던 전략 분석을 이야기한다. 아쉬운 성과가 있다면 그 내용과 팀원 자신이 생각하는 원인과 이유를 밝힌다. 다음은 팀장이 준비한 평가 메시지를 논의한다. 팀장은 평가 기간에 관찰한 사례와 전략에 대한 의견을 제시하고 항상 팀원에게 학습 포인트를 짚어준다. 이 일을 통해서 어떤 것을 배우는 것이 좋을지, 이번 프로젝트를 통해 어떤 역할을 수행하며 배운 것은 무엇인지 물어보며 정리한다. 팀장은 구체적 사례를 통해 평가 메시지를 전달하고, 달성한 성과는 확실히 칭찬하며, 아쉬운 성과와 팀원의 분석 내용에 빠진 부분이 있다면 보완한다. 더불어 성과를 달성하기 위해 필요한 지원 요청 사항과 애로 사항을 듣고, 필요하다면 목표 중 우선순위를 조정하는 대화를 갖는다.

마지막은 팀원의 역량 개발에 대한 의견을 서로 나누는 것이다. 올해 목표 달성을 위해 무엇을 학습했는지 역량 개발 성과를 파악하고, 향후 어떤 전문가로 성장하고 싶은지, 지금 분야에서 전문가로 성장하고 싶은지 등을 확인한다. 자신이 판단할 때 전문가 역량 대비 보유하고 있는 역량을 1점에서 10점 사이에서 판단한다. 만약 팀원이 7점을 선택했다면 나머지 3점을 채우기 위해 필요한 교육 지원 사항을 공유한다. 팀장이 팀원의 역량에 대해 전문가 역량 대비 5점을 선택했다면 나머지 5점을 채우기 위해 필요한 교육과 프로젝트 경험, 역할 수행 경험 등을 조언한다. 교육이나 경험 외에도 필요한 지원 사항을 서로 의논하고 정리한다. 역량 개발 대화에서는 팀원은 주로 자신의 업무 수행에 필요한 역량을 개발하기 위해 어떤 교육이나 업무 경험이 필요한지 이야기하고 팀장에게 지원을 요청한다. 팀장은 팀원에게 필요한 교육에 대한 실시 가능 여부도 답하지만, 이때에는 팀원에게 향후 업무에서 기대 사항과 조직 내에서 어떤 역할을 해주길 바라는지 등 상대에 대한 큰 그림을 보여준다. 마무리는 다음 번 면담과 그 기간 동안에 기대하는 바를 이야기한다.

정리하면 평가 면담과 마무리는 팀원의 평가 메시지 공유(업무와 개인 개발 포인트), 팀장의 평가 메시지 공유(팀원의 평가 메시지 중 빠진 내용이 있다면 보완하며 공유), 다음 평가 기간 동안에 보완할 전략과 개발할 역량 의견 의논, 성과 복기 면담 마무리(다음 평가 기간 동안 평가에 대한 기대 사항과 다음 면담 안내) 등이다. 다음은 면담에서 활용하는 역량 개발 대화 템플릿으로 이는 현장에서 작성한다.

역량 개발 시트

역량 개발 성과	커리어 목표 확인
Q. 올해 목표를 달성하기 위해 어떤 지식, 기술, 경험을 학습했나? (학습한 교육, 프로젝트 경험 등)	Q. 앞으로 어떤 전문가가 되고 싶은가? 또는 현재 분야의 전문가가 되기 위해 어떤 지식, 스킬, 경험을 쌓아야 하는가?

커리어 목표 대비 보유 역량 확인

Q. 전문가로 성장하기 위해 본인이 보유한 역량을 1점에서 10점까지 중 몇 점을 줄 수 있는가?

1	2	3	4	5	6	7	8	9	10

커리어 개발을 위한 지원 사항 파악

Q. 나머지 점수를 채우기 위해 무엇을 도와주길 바라는가?

Q. 그렇게 말한 이유는 무엇인가? 예를 들어 설명할 수 있다면?

바둑은 그 어떤 승부보다 역전의 확률이 높다고 한다. 한 통계에 따르면 바둑의 승부 중 70% 정도가 역전패라고 하니 끝까지 긴장감을 놓칠 수 없을 듯하다. 역전패가 많다는 것은 이기고 있다고 믿는 순간 승패가 뒤집어질 수 있다는 뜻일 것이다. 즉, 이길 수 있다고 믿는 순간 마음이 약해지고 몰입이 떨어지기 때문이다. 대부분 회사들이 성과 복기를 1년에 1~2번 정도 하는데 팀원의 지속적인 몰입을 높이고, 장기적으로 업무 실력을 높이려면 최소한 3~4차례 정도 복기하는 것을 권한다.

면담은 대결이 아닌 대화이다

팀장과 팀원은 평가나 면담이 어렵다. 팀장은 팀원에게 싫은 소리보다 좋은 소리만 하고 싶고, 팀원도 아쉽다, 보완해야 한다는 말보다 잘한다, 믿는다는 말을 듣고 싶기 때문이다. 하지만 팀장은 팀에서 룰을 지키고 체계를 세우는 역할을 해야 하지 모두에게 사랑받아야 하는 동호회장이 아니다. 팀원들도 팀의 일원으로서 함께 일하며 룰을 지키고 자기 몫은 해야 인정받고 존중받을 수 있다. 팀은 친목 단체가 아닌 성과를 내는 전략적 조직이기 때문이다. 특히 팀원은 평가결과를 자신의 존재감과 겹쳐서 생각할 필요 없다. 일하다 성과를 냈거나 성과를 내지 못했을 뿐이다. 못했다면 이번에 성과를 복기해서 다음에 보완하여 성과를 내면 된다. 그뿐이다. 성과를 달성하지 못한 것이지 본인이 망한 것은 아니다. 모든 일에 완벽할 수는 없다. 다만 최선을 다하고 정성껏 일했는지를 살펴보고 고민하자. 성과 복기에서 중요한 것은 평가 등급보다 과정을 살펴보고 새로운 시도를 하려는 마음이다. 그리고 팀장과 팀원이 함께 대화로 풀어가는 과정이다. 그래서 더 나은 성과를 내고, 이미 괜찮은 성과를 냈다면 다시 재현하려고 노력하자. 이처럼 성과 복기를 담담히 받아들이고 더 나은 성과를 재현하려면 팀장과 팀원은 성과 복기하며 챙겨야 할 태도가 있다.

우선 팀장은 평가자로서 친절한 쓴소리를 마다하지 않고, 착한 사람 증후군을 조심해야 한다. 착한 사람 증후군은 타인에게 좋은 소리를 듣기 위해 자기 내면의 욕구를 표현하지 못하는 콤플렉스를 가리킨다. 자신의 의견을 말하면 조직에서 배제될까 두려워, 자신의 생각보다 다른 사람의 반응을 살피며 행동하는 현상이다. 즉, 팀장은 팀원의 눈치를 보고, 팀원은 원만한 사람으로 보이기 위해 평가에 대한 이견이 있어도 참는 것이다. 조금 더 솔직해지자. 관계는 숨기고 감추는 왜곡보다 서로를 얼마나 어느 정도 보여줄 수 있느냐 하는 솔직함에 따라 강도가 정해진다.

성과 복기는 업무에 관한 것이고 다음의 성과를 높이기 위해 이번 성과를 분석하고 시사점을 도출하는 소통 도구이다. 가끔 어떤 팀장은 팀원과의 관계가 어색해질까 하는 고민과 팀원을 저울질한다는 부담감 등으로 애매하거나 두루뭉술하게 복기하고 면담한다. 애매하거나 두루뭉술하게 복기하고 면담하는 팀장들은 착한 사람 증후군에 빠지지 않는지 스스로 살펴보기 바란다. 물론 모든 사실을 명확하게 밝히기 힘들지만, 듣기 좋은 거짓말이나 좋은 게 좋은 것이라는 어정쩡한 면담은 피해야 한다. 솔직함은 서로에 대한 응원과 칭찬, 아쉬운 성과에 대한 표현과 개선하길 바라는 요청 등이다. 팀은 팀장과 팀원의 사생활과 개성을 존중할 부분도 있지만, 지속적인 성장과 성과를 위해서는 성과 복기와 면담에서 관계가 어색해지더라도 팀장과 팀원이 일의 합을 맞추기 위해 필요한 말은 해야 한다.

다음으로 성공적인 성과 복기가 되려면 팀원들은 자기 자신을 있는 그대로 받아들이는 인정의 태도를 취하자. 어떤 팀원들은 성과 복기하며 매기는 인사 평가 등급을 개인을 평가하는 등급으로 받아들이는데 그럴 필요 없다. 성과 복기는 자신이 올해 한 일에 대한 결과이지, 지금까지의 회사 생활에서 개인을 평가하고 신분을 결정짓는 결과가 아니다. 본인이 올해 달성한 성과와 달성하지 못한 성과를 인정하고 분석해서 내년에 더 잘하면 된다. 그거면 충분하다. 그러니 팀원들은 스스로 자기 연민에 빠질 필요 없다. 이번에 잘했다면 내년에도 더 잘하기위해 자신이 잘한 점을 인정하고 습관으로 만들고, 이번 성과가 아쉽다면 다음에 더 나은 성과를 내기 위해 분석하고 전략을 보완하고 노력하면 된다. 그래도 안 되면 그 다음에 또 시도한다. 회사에서 한 개인의 평판은 1~2년의 평가 등급으로 결정되지 않는다. 사람 사는 게 그렇게 한 겹 두께가 아니다. 평가와 일하는 태도, 평소 사람들과의 관계관리 등 여러 겹이 쌓여 두툼한 개인의 평판이 만들어진다. 마치 나무의 나이테처럼 말이다. 그러니 스스로 과신해서 나댈 필요도 없고, 못했다고 자신을 낮출 필요도 없다. 특히, 이런 핑계 저런 환경 탓으로 자신을 피해자로 보이려고 하지 말자. 자신을 존중하고 더 나은 사람이되려고 노력할 때 주변 사람들도 인정한다.

끝으로 팀장과 팀원은 서로 정서적으로 교류해야 한다. 당연하겠지만 정서적 교류가 없으면 같은 말이라도 상대는 의심하기 쉽고, 이해보다 오해가 커지기 십상이다. 팀장과 팀원 사이에 정서적 교류가 없고 의심이 많으면 면담에서 팀장과 팀원은 말을 조심해야 하는데, 이러면 의미 있는 복기 면담이 되기 어렵다. 그러니 팀장과 팀원은 사전에 정서적 교류를 챙기자. 실제로 어느 회사는 '회사에서 일 잘하는 방법'을 강조했는데, 그 중에 하나가 '잡담 많이 나누기'라고 했다. 잡담 나누기는 서로 간 신뢰를 마련하고 유대 관계를 구축하기 위한 회사의 수칙이라고 했다.[10] 정서적 교류가 있어야 업무적 거래가 가능하다. 말로 마음이 오고가야 일할 때 편하고 팀플레이가 잘 이루어진다. 그러니 팀장과 팀원은 성과 복기 면담 전에 미리 일상 속의 소소하고 가벼운 대화거리를 준비하고 평소에 잡담을 많이 하자.

팀장과 팀원 간 성과 복기 면담은 대화이지 대회가 아니다. 대회는 누군가는 승자가 되고 누군가는 패자가 되지만, 대화는 승자, 패자가 없고 서로를 존중해야 가능하다. 즉, 팀장과 팀원 간 대화는 서로의 개성이나 역할을 인정하고 서로의 간격을 좁히기 위해 꾸준히, 조금씩 서로에게 다가서려는 노력의 방법이다. 성과 복기 면담은 상대를 바꾸는 마술이 아닌 서로에게 다가가는 방법이고, 상대에 대한 자신의 생각과 태도를 바꾸는 성장이다.

8

제대로 협업하고 싶다면

/

팀장은 일하는 스타일로 코칭하고, 팀원은 비즈니스 케미를 챙기자

얄미운 동료도 아우르는 비즈니스 케미

영화 〈300〉은 스파르타군 300명이 페르시아 100만 대군에 맞서 싸우는 내용을 담고 있다. 이 전쟁은 엄청난 차이의 수적 열세로 누가 봐도 무모한 싸움이다. 하지만 스파르타군 300명은 2가지의 무기가 있었다.

첫 번째 무기는 서로에 대한 믿음이다. 100만 대군의 페르시아 황제는 자신을 '왕 중의 왕'이라고 부르며 수레에서 부하들의 등을 계단처럼 밟고 내려오지만, 300명 스파르타군의 왕은 병사를 "친구여" 또는 "스파르타인이여"라고 부르며 공동체 의식을 강조한다. '승리를 위해 내 부하들을 죽일 수도 있다'는 페르시아 왕과 '나는 내 부하들을 위해 죽을 수도 있다'는 스파르타 왕. 존중은 전쟁에서 중요한 심리적 안전망이다.

두 번째 무기는 전략이다. 스파르타는 소수의 군사로 다수의 적에게 효과적으로 맞서기 위해 최적의 전투 장소로 협곡을 선정한다. 병사들이 좁다란 계곡에 대열을 갖춰 들어가려니 '병목현상'이 일어나 100만 대군이 무색해지고 소수의 인원으로 나눠 순차적으로 들어갈 수밖에 없었다. 반면 300명의 전사들은 한 몸 같은 대형으로 다 함께 공격하고 방어했다. 영화 〈300〉은 서로 존중하고 믿는, 손발이 맞는 동료가 가장 뛰어난 무기라는 것을 알려주었다.

개인이 여럿 모였다고 해서 팀이 되는 것은 아니다. 영화 〈300〉처럼 100만 명이 모여도 서로가 심리적인 안전감을 주지 못하고, 손발이 맞지 않으면 그저 인원수만 많은 집단일 뿐이다. 우리 현장에서도 같은 팀이지만 손발이 맞지 않고, 심리적 안전감을 주지 못하는 경우가 있다. 필자가 현장에서 가장 빈번하게 만나는 사례 중에는 팀원이나 팀장이 다른 팀원이나 팀장보다 못하다고 느끼는 예가 많다. 대표적 사례로 '얄미운 동료'와 '수동적이고 경직된 팀 분위기'이다.

'얄미운 동료' 사례는 다른 팀원이 바쁘기에 업무를 지원했는데, 상대 팀원은 고마워하기는커녕 당연한 도움으로 여겨 실망했다는 이야기였다. 도움을 준 팀원은 나중에 유사한 상황이 된다면 또다시 돕지는 않겠다고 다짐했다. 이런 식이면 얄미운 팀원 한 명이 또 다른 얄미운 팀원을 만들고, 점점 얄미운 팀원들이 괜찮은 팀원을 없애게 된다. 즉, 모두 자기 일만 하고 갑작스럽게 생겨 누구의 업무인지 모호한 돌발업무는 다들 모르는 척하는 얄미운 팀원만 늘어난다. 문제는 소수의 괜찮은 팀원에게 돌발업무 같은 일이 몰린다는 것이다. 결국 괜찮은 팀원은 과중한 업무에 육체적이고 심리적인 탈진 상태인 번 아웃(burn out)에 빠지고, 일에 대한 의욕과 팀에 대한 소속감마저 없어지는 모습까지 볼 수 있었다.

'수동적이고, 경직된 팀 분위기'는 팀장이 어떤 일을 하자 하면, 팀원들은 침묵하거나 "알겠습니다."라고 대답할 뿐 후속 액션을 취하지 않는다는 사례였다. 팀 회의가 시작되면 다들 앉아서 노트를 펼치고 준비한 발표 자료를 읽는데, 고개 숙이고 자료나 노트만 처다보면서 어느 누구도 먼저 의견을 말하지 않아, 팀장은 답답하다고 말했다. 팀원들이 수동적인 자세로 일하고 회의에서 의견을 말하지 않는 이유는, 아이디어나 의견을 말하면 그 말에 책임자가 되어 자신의 업무가 추가될까봐 걱정하기 때문이었다.

팀이 개인의 집합이 아닌 서로 신뢰하고 원활하게 소통하며 손발이 맞는 상태로 일하는 '하나'가 되려면, 팀의 '케미'를 만들어야 한다. 여기서 '케미'는 '케미스트리'의 줄임말로 '팀이 비즈니스 케미가 있다'는 말은 '팀장과 팀원, 팀원들이 잘 어울린다', '서로 호흡이 잘 맞는다', '서로 손발이 맞다'를 의미한다. 따라서 '비즈니스 케미가 있는 팀'은 팀장과 팀원이 서로 신뢰하고 원활하게 소통하며 손발을 맞춰 일하는 팀이다.

팀의 비즈니스 케미는 심리적 케미와 업무적 케미로 구분할 수 있다. 먼저 심리적 케미는 팀원으로서 갖는 심리적 안전감이다. 자신이 다른 팀원을 도우면 다른 팀원도 자신을 도울 것이라는 신뢰와, 개인이 아이디어나 우려 등을 표현해도 혼자서 아이디어를 실현하거나 우려를 해결하지 않고 다른 동료들과 함께 감당할 것이라는 공동체의식을 가리킨다. 팀이 심리적 케미를 가지려면, 다른 팀원을 돕는 일을 단순한 호의로 여기지 않게 동료기여과제로 평가에 공식적으로 반영해야 한다. 즉, 개인 차원의 호의 또는 희생과 배려가 아닌 팀 차원에서 공식적인 과제로 인정하여 평가에 반영해야 한다는 것이다. 앞서 설명했듯이 이를 '동료기여과제'라고 한다. 다른 방법으로는 팀장은 개별면담을 활용하여 팀원들 각자의 입장을 확인하고 업무에 몰입하게 하며 팀의 사기, 팀 내 의사소통의 문제점을 개선한다. 더 구체적인 면담 방법은 이 책의 10장에 나오는 '업무 분위기 조성' 대화에서 다루었다. 정리하면, 팀의 심리적 케미는 동료기여과제의 선정과 업무 분위기 조성 등으로 관리할 수 있다.

다음은 팀의 업무적 케미이다. 팀의 업무적 케미는 팀장과 팀원, 팀원들이 서로의 일하는 스타일을 이해하고 그에 따라 서로 업무를 요청하고, 일하는 방법을 갖추고 있는 상태이다. 즉, 비즈니스 케미가 있는 팀은 팀장과 팀원이 서로의 일하는 스타일을 이해하고 또 그 스타일에 맞추어 일하는 방법을 갖고 있다. 이렇게 팀장과 팀원이 업무적 케미를 만들려면 어떻게 해야 하는지 순서대로 알아보자.

일하는 스타일을 알면 케미가 살아난다

업무적 케미는 4단계를 거쳐 만든다. 일하는 스타일은 개인의 동기 성향과 담당 업무를 종합해서 파악한다. 즉, 일하며 나타나는 성향과 현재 맡고 있는 업무를 고려하여 일하는 스타일을 진단한다.

1단계. 상대의 성향 파악하기

2단계. 상대가 현재 맡고 있는 업무 진단하기

3단계. 파악한 성향과 진단한 업무를 2×2 매트릭스로 조합해서 일
　　　하는 스타일 파악하기

4단계. 비즈니스 케미 워크숍 운영하기

1단계는 상대의 성향을 파악하는 것이다. 연구 결과에 따르면 개인의 성향은 목표를 달성하기 위해 상황을 해석하고 행동하는 특성에 따라 성취지향과 안정지향으로 나눌 수 있다고 한다.[11] 성취지향의 사람은 일하면서 긍정적인 결과에 민감하고, 변화에 개방적이며, 자신의 성장에 더 높은 관심을 보인다. 아울러 성과를 내었을 때의 즐거움과 만족을 중시한다. 반면, 안정지향의 사람은 자신이 맡은 일에 대한 의무와 책임을 중시하고, 일하면서 위험을 회피하고, 가능한 검증된 안전한 방법을 우선시한다. 그래서 업무 결과에서도 실패를 회피하는 안도감을 선호한다.[12]

요약하면, 일하는 유형에는 성취하기 위해 일하는 성취지향과 실패하지 않기 위해 일하는 안정지향이 있다. 일하는 유형이 다른 사람들에게는 행동을 유발시키는 말도 다르게 해야 한다. 성취지향의 사람에게는 "잘하고 있어. 이번 일이 성공하면 인센티브를 받을 수 있을 거야." 같은 말이 행동을 유발시키지만, 안정지향의 사람에게는 "긴장해. 이번 일이 실패하면 팀과 본인에게 위기가 될 수 있어."와 같은 말이 더 효과적이다.

성취지향과 안정지향에 대한 성향 파악은 설문으로 진단하고, 상대

의 일상 행동과 대화, 업무 결과를 참고한다. 먼저 동기 성향을 진단하는 설문 조사 방법을 알아보자. 상대의 성향을 문항별로 어느 정도 일치하는지를 5점 척도로 진단한다. 상대의 행동이나 생각을 짐작하지 말고 실제 현장에서 본 상대의 행동을 근거로 진단한다. 상대는 진단하고 있음을 모르는 상황에서 진단해야 결과가 더 정확하다. 상대가 의도적인 말과 행동으로 설문 결과를 왜곡시킬 수 있기 때문이다.

표 8-1 동기 성향을 진단하는 설문[15]

구분	상대의 성향을 진단하는 항목	매우 일치 한다			전혀 일치하지 않는다	
1	상대는 책임과 의무를 다하지 못할지도 모른다는 생각을 자주 하는 편이다.	5	4	3	2	1
2	상대는 장래에 이루고 싶은 성공에 대해 신경을 많이 쓰는 편이다.	5	4	3	2	1
3	상대는 실패를 예방할 방법에 대해 자주 생각하는 편이다.	5	4	3	2	1
4	상대는 새로운 일을 시도하는 것을 싫어하는 편이다.	5	4	3	2	1
5	상대는 실패하더라도 다시 시도한다.	5	4	3	2	1
6	상대는 작은 가능성이라도 있으면 과감히 시도한다.	5	4	3	2	1
7	상대는 대체로 미래에 이루고자 하는 성공에 초점을 둔다.	5	4	3	2	1
8	상대는 업무 목표와 결과가 확실하지 않으면 시도하지 않는다.	5	4	3	2	1
9	상대는 종종 어떻게 업무를 성취할 수 있을지를 생각한다.	5	4	3	2	1
10	상대는 일하며 어떻게 실패를 피할 수 있을지에 대한 우려로 결정할 때 오래 걸린다.	5	4	3	2	1
11	상대는 이득을 얻기보다 손해를 피하는 것을 더 지향한다.	5	4	3	2	1

12	상대는 회사에서 현재 위치를 유지하기보다 더 많은 성과를 내는 것을 중요하게 생각한다.	5	4	3	2	1
13	상대는 회사에서 일정 수준 이하로 수행이 떨어지지 않기 위하여 노력한다.	5	4	3	2	1
14	상대는 자신의 성장을 위하여 노력한다.	5	4	3	2	1
15	상대는 새로운 것을 시도하기보다는 발생 가능한 문제를 피하려 노력한다.	5	4	3	2	1
16	상대는 대체로 긍정적인 결과를 성취하는 데 초점을 두는 편이다.	5	4	3	2	1
17	상대는 실패를 피하는 안정감보다 목표 달성의 성취감을 중요하게 생각하는 편이다.	5	4	3	2	1
18	상대는 안정적인 과제보다 새로운 과제를 좋아한다.	5	4	3	2	1
19	상대는 새로운 일보다 기존의 익숙한 일을 선호한다.	5	4	3	2	1
20	상대는 적극적인 업무 추진보다 팀장이나 동료 사이의 갈등을 줄이는 데 노력한다.	5	4	3	2	1
진단결과	성취지향은 2, 5, 6, 7, 9, 12, 14, 16, 17, 18 항목의 진단 결과를 더한 점수로 [　　　　]점이고, 안정지향은 1, 3, 4, 8, 10, 11, 13, 15, 19, 20 항목의 진단 결과를 더한 점수로 [　　　　]점이다. 점수가 높은 쪽이 업무에서 우세한 성향이다.					

　　동기 성향을 진단한 결과, 성취지향 항목의 진단 점수를 더한 총점과 안정지향 항목의 진단 점수를 더한 총점을 비교하여 점수가 높은 쪽을 우세한 성향으로 판단한다. 예를 들어, 성취지향의 진단 결과가 47점이고, 안정지향의 진단 결과가 32점이라면 성취지향의 진단 결과가 안정지향의 진단 결과보다 점수가 높으므로 상대는 성취지향이라고 볼 수 있다. 개인의 성향은 팀의 분위기, 업무 경험에 따라 다를 수 있기 때문에 설문 결과에 상대가 평소에 취하는 행동, 일상의 대화, 업

무 결과 등 3가지를 추가하여 보완한다.

성향을 진단하는 보완 자료로, 첫 번째는 평소의 행동이다. 상대가 일하며 보여주는 행동을 관찰하여 성향을 판단할 때 보완한다. 행동에는 상대가 평소 품고 있는 생각이 묻어난다. 예를 들어, 말로는 "괜찮아."라고 말해도 마음이 불안하면 다리를 떨거나 손톱을 물어뜯는 것처럼 말이다. 평소에 다음 표의 행동을 보인다면, 그에 해당하는 성향을 가졌다고 판단할 수 있다.

표 8-2 성취지향의 업무 행동과 안정지향의 업무 행동

다음 행동을 자주 보인다면	다음 행동을 자주 보인다면
• 일 처리 속도가 빠르다. • 미래를 낙관적으로 전망한다. • 새로운 시도를 순순히 받아들인다. • 여러 가지 대안을 고민한다. • 긍정적 피드백인 칭찬에 동기를 얻는다.	• 일 처리가 주도면밀하다. • 실패를 고려하여 다양한 상황에 대비한다. • 검증되고 알려진 방법을 고수한다. • 칭찬하면 거북해한다. • 일이 순조롭게 진행되어도 불안한 모습을 보인다.
[성취지향]이라 판단 할 수 있다.	[안정지향]이라 판단 할 수 있다.

성향을 진단하는 보완 자료 두 번째는 일상의 대화이다. 일상에서 상대와 나눈 대화도 반영해서 성향을 판단하는 데 활용하자. 성향은 평소의 말에도 묻어나기 마련이다. 일상적인 대화나 회의 등에서 다음 표현을 자주 쓴다면 해당되는 성향이라고 판단할 수 있다.

표 8-3 성취지향의 말과 안정지향의 말

다음 표현을 자주 말한다면	다음 표현을 자주 말한다면
• 식은 죽 먹기입니다. • 늦더라도 하지 않는 것보다 낫죠. • 제가 한번 해보겠습니다. • 크게 생각해야죠. • 어렵지만 기회라고 생각합니다. • 가능한 긍정적으로 생각합니다.	• 급히 서두르면 일을 망칩니다. • 빠르지 않더라도 정확하게 하는 것이 중요합니다. • 업무 프로세스를 지키는 것이 중요합니다. • 새로운 도전보다는 지금 하고 있는 일을 안정적으로 정착시키는 것이 좋다고 생각합니다. • 겉보기에 좋은 것이 다 좋은 것은 아닙니다.
[성취지향]이라 판단 할 수 있다.	[안정지향]이라 판단 할 수 있다.

성향을 진단하는 보완 자료 세 번째는 상대가 해온 일의 결과로 알 수 있다. 상대가 달성한 일의 결과가 얼마나 많은 시간을 투입했는지 또는 얼마나 노력했는지 등을 강조하면 안정지향이고, 일의 목적이나 효과를 강조하면 성취지향이라 판단한다. 예를 들어 학생이라면, 공부한 시간과 문제를 푼 것을 강조하면 안정지향이고, 최종 성적이나 학습 목적 달성 여부를 따지면 성취지향이라고 할 수 있다. 업무에서도 비슷하다. 상대가 시간을 얼마나 투입했는가와 같은 활동량을 강조하면 안정지향으로 볼 수 있고, 목적의 성취나 기대한 성과를 이룬 결과를 강조하면 성취지향으로 판단할 수 있다.

다음은 상대가 어떤 성과를 강조하는지에 따라 성향을 파악할 수 있는 예시이다. 사례에서 보듯 안정지향의 사람들은 투입되는 노력과 시간, 활동 등을 강조하고, 성취지향의 사람들은 의도한 결과, 기대한 효과 등을 강조한다. 1단계의 성향 파악을 요약하면 설문에 의한 진단 결과에 평소의 행동, 일상의 대화, 업무 결과를 종합적으로 고려하여 상대의 동기 성향을 판단한다.

표 8-4 상대가 강조하는 성과와 성향

다음 성과를 강조한다면	다음 성과를 강조한다면
• 의도한 결과, 목적의 성취 여부, 기대 효과 등을 강조 • 예를 들어 타깃 업무 개선율, 타깃 문제 해결률, 팀 성과 기여율, 판매 계획 적중률 등	• 업무하며 소비되는 자원인 비용, 시간, 활동 수 등을 강조 • 예를 들어 업무 관련 보고 수, 업무 활동 수, 과제 실행률, 업무 관련 관계자 면담 수, 업무 관리 시간 등이다.
[성취지향]이라 판단 할 수 있다.	[안정지향]이라 판단 할 수 있다.

2단계는 상대가 현재 하고 있는 업무를 평가한다. 앞서 상대의 성향을 파악했다면 그 다음은 업무 평가이다. 이 책에서는 업무 평가 방법으로 직무 평가 방법 중 점수법을 적용했다.[14] 업무 숙련 기간, 문제 해결의 난이도, 의사결정의 난이도, 업무 실수에 따른 피해 범위별로 점수를 매겨 업무를 평가한다. 예를 들어 인사팀에 속한 '교육 업무'를 평가해보자. 교육 업무는 주로 회사의 구성원을 대상으로 직무, 역할 교육에 대한 필요를 조사하여 교육 과정을 설계하고 경력 개발을 관리하는 업무이다. 교육 업무는 회사의 팀과 업무에 대한 기초 지식을 이해해야 하기 때문에 3년 미만의 경험이 필요할 것으로 판단하여 업무 숙련 기간은 [수준 2]를, 교육 과정을 설계하는 외부 교육을 받거나 다

른 팀에서 교육 내용이나 강사의 협조를 구해야 하니 문제 해결의 난이도는 [수준 3]을, 교육 과정의 설계와 교육 운영에 따른 문제 해결은 혼자 결정하기 어렵고 부분적으로 팀장의 판단에 의존하니 의사결정의 난이도는 [수준 3]을, 교육에서 실수하면 다른 업무에 약간의 영향을 미치고 수정이 가능하므로 업무의 실수에 따른 피해 범위는 [수준 2]를 선택했다. 각 평가 요소에 따라 진단한 결과를 종합하면, 업무 수련 기간이 10점, 문제 해결의 난이도가 15점, 의사결정의 난이도가 15점, 업무 실수의 피해 범위를 10점, 이것을 더하면 교육 업무의 업무 평가 점수는 50점이다. 예시 8-1의 표는 교육 업무에 대한 업무 평가의 예시이다.

업무 형태는 업무 평가 점수에 따라 정형업무, 숙련업무, 유연업무, 응용업무로 구분할 수 있다. 정형업무는 지시나 정해진 방법에 따라 반복 수행하는 업무로 진단 점수가 20점 이상 40점 미만이며, 숙련업무는 일반적인 지시 아래 정해진 방법이나 기준에 따라 행하는 업무 형태로 진단 점수가 40점 이상 55점 미만이다. 유연업무는 정해진 방법이나 기준에 따라 행하는 숙련된 업무로 55점 이상 80점 미만이다. 응용업무는 상당한 실무 경험 및 전문적 지식을 바탕으로 응용성을 갖고 판단하며 실행하는 업무로 80점 이상 100점 이하에 해당된다. 점수는 업종과 회사 규모 등에 따라 달라질 수 있는데, 이 책에서는 제조업 중기업을 가정하여 설정했다.

사례 8-1은 진단 점수별 업무의 형태를 정리한 표이다. 주로 팀원들은 정형업무나 숙련업무에, 중간관리자는 주로 유연업무에 해당하고, 팀장은 응용업무에 해당한다.

예시 8-1 제조업 중소회사 규모의 인사팀에 속한 교육 업무 평가

구분	업무의 형태를 평가하는 항목	수준1 5점	수준2 10점	수준3 15점	수준4 20점	수준5 25점
업무 숙련 기간	[수준 1] 1년 미만의 경험이면 누구나 할 수 있는 업무이다. [수준 2] 3년 미만의 경험이면 할 수 있는 업무이다. [수준 3] 5년 미만의 경험이면 할 수 있는 업무이다. [수준 4] 10년 미만의 경험이면 할 수 있는 업무이다. [수준 5] 10년 이상 경험을 쌓아야 할 수 있는 업무이다.	*교육 담당자로서 회사의 팀과 업무를 이해하는 경험이 필요하여 [수준 2]를 선택해서 10점*				
문제 해결의 난이도	[수준 1] 업무의 문제를 해결하는 방법이 단순하다. [수준 2] 업무의 문제를 해결하는 방법이 팀 내에서 실행할 수 있는 수준이다. [수준 3] 문제를 해결하려면 다른 팀과의 협업 또는 별도의 교육이 필요하다. [수준 4] 문제를 해결하려면 전문교육이나 전문적 조언이 필요하다. [수준 5] 문제를 해결하려면 제도적 보완과 외부 전문가의 도움이 필요하다.	*교육을 설계하는 외부 교육을 받고, 타 팀에서 강사나 교육 내용을 협조받기 위해 [수준 3]을 선택해서 15점*				
의사 결정의 난이도	[수준 1] 일정한 절차를 따르기 때문에 별도의 의사결정이 필요 없다. [수준 2] 팀의 매뉴얼에 따라 처리하고, 불분명한 사항은 별도의 지시를 받는다. [수준 3] 대략적인 업무 방향은 있으나 상황에 따라 팀장의 부분적 판단이 필요하다. [수준 4] 방침은 있으나 팀장의 지속적인 판단과 개인의 응용력이 필요하다. [수준 5] 다양한 이해관계자들의 참여가 필요하고 종합적인 의사결정이 필요하다.	*교육 과정의 설계와 교육 운영에 따른 문제 해결은 부분적으로 팀장의 판단에 의존하니 [수준 3]을 선택해서 15점*				

업무의 실수에 따른 피해 범위	[수준 1] 업무에서 실수해도 다른 업무에 거의 영향을 끼치지 않는다. [수준 2] 업무에서 실수하면 다른 업무에 약간의 영향을 미치고, 수정이 가능하다. [수준 3] 실수하면 다른 업무에 영향을 미치고, 수정할 사항이 많다. [수준 4] 실수하면 다른 팀에도 영향을 미치고, 금전적 손해, 시간의 낭비가 크다. [수준 5] 실수하면 회사 전체에 영향을 미치고, 회사 외부에도 영향을 미친다.	교육에서 실수하면 추가 채용이나 부서 배치 등 다른 업무에 약간의 영향을 미치지만, 수정이 가능하니 [수준 2]를 선택해서 10점
	인사 업무 중 교육 업무는	총점 50점 [10 + 15 + 15 + 10]

이 사례의 교육 업무는 제조업의 인사팀에 속했다고 가정했지만 업무 평가는 기업 규모나 사업의 특성, 인사관리의 특성 및 기타 상황에 따라 달라질 수 있다. 이 책의 주석에 고용노동부에서 발간한 직무평가 사례 중 일부를 정리했으니 팀장과 팀원이 서로의 업무를 평가할 때 참고하길 바란다.[15]

업무 진단 점수에 따른 업무 형태 분류

진단 점수	업무 특성	구분
20점 이상 40점 미만	업무 내용이 반복적이고 일상적인 과제로 구성되어 있어 표준화된 방법이나 절차에 의해서 진행된다. 따라서 독립적인 판단이 별로 요구되지 않는다.	정형업무
40점 이상 55점 미만	업무는 반복적이지만, 비교적 복잡한 절차와 과제들로 구성되어 있다. 표준화된 업무를 처리하기 위하여 가장 적절한 방법이나 수단을 선택하고 적용하는 데 있어서 독립적인 판단이 다소 요구된다.	숙련업무
55점 이상 80점 미만	업무는 복잡하고, 가변적이기 때문에 상세한 가이드라인의 선택과 적용을 필요로 한다. 업무를 처리하는 데 있어서 과거의 선례를 잘 이해해야 하고, 가장 적절한 가이드라인과 절차의 탐색, 선택, 적용에 있어서 업무 담당자의 독립적인 판단을 필요로 하는 업무이다.	유연업무
80점 이상 100점 이하	업무는 상당한 수준의 복잡성, 가변성을 가지고 있어 기본적으로 표준화되기 어렵다. 따라서 업무 담당자가 업무 처리를 함에 있어서 과거의 방법론이 부적절하다고 판단될 경우 새로운 방법론을 고안하여야 하며, 분석력과 전략적 사고력을 필요로 한다.	응용업무

3단계는 본격적으로 상대의 일하는 스타일을 진단한다. 업무 형태와 동기 성향을 진단 점수에 따라 배치한다. 진단의 근거는 1단계에 진단한 동기 성향과 2단계의 업무 평가 결과를 활용한다. 예를 들어 팀원이 6명이라면, 성향과 업무의 진단 결과를 사례 8-2와 같이 정리할 수 있다.

A팀의 동기 성향과 업무 평가의 진단 결과

구분	A팀장	B팀원	C팀원	D팀원	E팀원	F팀원
동기 성향 진단 결과 및 점수	성취 성취 47점 ~~안정 32점~~	다소 성취 성취 35점 ~~안정 30점~~	다소 안정 ~~성취 32점~~ 안정 37점	다소 안정 ~~성취 30점~~ 안정 35점	다소 안정 ~~성취 28점~~ 안정 35점	다소 성취 성취 35점 ~~안정 30점~~
업무 평가 진단 결과 및 점수	응용업무 82	유연업무 60	유연업무 75	숙련업무 50	유연업무 60	정형업무 35

그림 8-1과 같이 세로축은 동기 성향으로, 가로축은 업무 평가를 조합한 2×2 매트릭스에 각각의 진단 결과를 배치시켜 일하는 스타일을 진단한다. 가로축에는 업무 평가 진단 결과인 점수에 따라 배치하고, 세로축은 동기 성향에서 우세한 점수를 확보했던 성향만 표시한다. 동기 성향 진단에서 성취지향의 점수와 안정지향의 점수 중 높은 점수를 나타낸 성향이 우세한 성향이므로 성취지향과 안정지향 중 한쪽에만 표시한다. 예를 들어 업무 평가 점수가 82점이고, 성취지향 설문 결과가 47점, 안정지향 설문 결과가 32점이라면 가로축인 업무 형태는 82점 위치에, 성향은 성취지향이 47점으로 안정지향보다 우세하므로 세로축인 성취지향의 47점 위치에 둔다.

다음은 앞서 사례를 제시한 6명의 성향과 업무를 고려하여 일하는 스타일을 포지셔닝한 그림이다.

그림 8-1 동기 성향과 업무 형태의 일하는 스타일 매트릭스

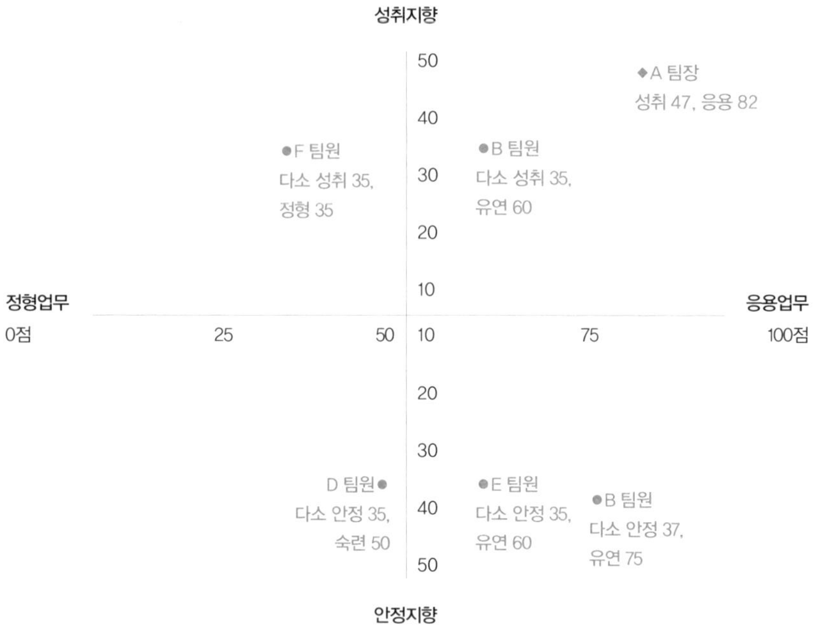

성취지향

50

◆A 팀장
성취 47, 응용 82

40

●F 팀원
다소 성취 35,
정형 35

●B 팀원
다소 성취 35,
유연 60

30

20

10

정형업무
0점

응용업무

25

50

10

75

100점

20

30

D 팀원●
다소 안정 35,
숙련 50

●E 팀원
다소 안정 35,
유연 60

●B 팀원
다소 안정 37,
유연 75

40

50

안정지향

　자신이 생각하는 일하는 스타일과 남들이 판단하는 일하는 스타일
에 차이가 있을 수 있다. 자신은 유연업무를 성취지향인 태도로 수행
했지만 다른 팀원들은 다르게 판단할 수 있다. 이런 경우는 평소의 행
동, 일상의 대화, 업무 결과를 참고로 의논하여 일하는 스타일을 조정
하면 된다. 즉, 평소의 행동과 일상의 대화, 업무 결과를 참고하여 동기
성향과 업무 형태를 조정한다. 핵심은 다른 팀원이 어떻게 생각하느냐
가 아닌, 서로 일하는 스타일이 다름을 인정하고 팀의 성과를 내기 위
해 각자의 일하는 방법을 보완하는 것이다. 다시 강조하지만 성향은
잘나고 못나고의 우열에 있지 않고, 업무도 책임이 큰 업무가 있을 뿐
하찮은 업무는 없다.

4단계는 비즈니스 케미 워크숍을 운영한다. 비즈니스 케미 워크숍은 팀장과 팀원이 서로의 스타일에 대한 강점과 서로 상대에게 기대하는 지원 방식을 의논하여 업무적 케미를 정리하는 활동이다. 먼저 팀장은 비즈니스 케미 워크숍의 목적과 워크숍에서 얻을 결과물을 설명한다. 워크숍의 목적은 서로의 일하는 스타일을 이해하고 함께 일하는 방법을 만들기 위한 활동이다. 비즈니스 케미 워크숍이 끝나면 팀장과 팀원은 한 팀으로 일하는 방법을 얻을 수 있다. 다시 말해 팀장은 팀원에게 일을 요청하고 코칭하는 방법을, 팀원은 팀장에게 보고하고, 소통하며 일할 때 지킬 규칙을 얻을 수 있다. 팀장은 비즈니스 케미 워크숍의 목적과 결과물을 팀원에게 설명한다.

그 다음 앞의 예시처럼 팀장과 팀원은 자신의 일하는 스타일을 그림에 배치하고 본인 스타일의 강점과 약점을 공유한다. 장점과 단점은 일하며 칭찬이나 인정받았던 사례를 들어가며 구체적으로 발표한다. 예를 들어 일하며 겪은 사례가 있는데, 이런 점을 칭찬받아서 강점이라고 생각한다든가, 업무 지시를 들으면 전체 일의 개요와 자신의 역할을 정리해서 동료와 의논했는데 동료가 좋아해서 강점이라고 생각한다는 식이다. 단점도 구체적인 사례를 들어 설명한다. 예를 들어 기한을 자주 넘긴다는 지적을 받아 업무 일정 관리에 능숙하지 못해 아쉽다는 식으로 말이다.

워크숍의 마지막은 상대가 일하며 지켜주기를 기대하는 사항을 서로 토의한다. 예를 들어 탐험가 스타일에게 요청하는 업무 스타일은 업무의 방향을 강하게 주장하는 것은 좋지만 근거나 구체적 의도 등을 제시해달라든가, 군인 스타일에게 요청하는 내용은 다양한 시도를 하는 것은 좋지만 일의 우선순위를 고려하길 바란다는 식이다. 또는 과학자 스타일에게는 지나치게 디테일한 정보를 요청하려면 필요한 양식이나 요청하는 이유를 분명히 설명해달라는 식이다. 그동안 일하며 겪은 경험을 바탕으로 각각의 스타일에 바라는 내용을 서로 토의하고 발표한다.

성취감이 중요한가, 안정감이 중요한가?

일하는 스타일을 진단하면 탐험가, 과학자, 군인, 꿀벌의 이미지로 구분할 수 있다. 이는 대략적 특징을 고려한 이미지일 뿐 상대의 일하는 스타일을 결정하는 것은 아니다. 일하는 스타일은 진단 설문을 활용하고 추가적으로 대화와 관찰 등으로 보완한다. 유형 구분은 대략적인 특성을 말하는 것으로 반드시 그러하다고 하기 힘들다. 그럼에도 불구하고 유형을 구분하는 것은 편을 갈라 비난하기 위해서가 아니라 서로의 다름을 인정하고, 일하며 참고하려는 목적이다. 다시 말해 '저 사람 왜 저래?'의 의아함보다 '성향이 다르니 서로 맞춰 일하자.' 하는 이해심을 높이려는 목적이다. 일하는 스타일을 서로 간의 이해하는 실마리로 활용하자.

응용업무 또는 유연업무를 하며 성취지향인 스타일은 주로 '탐험가'의 이미지이다. 업무의 목적을 강조하고, 문제 해결에 대한 자기 경험을 강하게 주장하여 다른 사람들과 생기는 갈등도 크게 개의치 않는다. 또한 새로운 일에 대한 거부감이 적고 리스크를 두려워하지 않아

많은 일을 동시에 진행한다. 업무를 신속하게 처리하고 토의나 회의에서 새로운 아이디어를 제안하는 것에 능숙하다. 급한 마음에 화를 잘 내지만 쉽게 감정을 해소한다. 반면 일을 좀 쉽게 생각하여 결과물에 대한 완성도가 부족할 수 있고, 여러 일을 동시에 맡아 심리적 또는 육체적 탈진 상태인 번 아웃에 빠지곤 한다. 또한 다양한 관점을 갖고 일을 분석하거나 미리 미리 사전에 계획을 세우고 준비하는 것이 아쉬울 수 있다.

응용업무 또는 유연업무를 하며 안정지향인 스타일은 '과학자'의 이미지이다. 일을 하며 다양한 관점이나 의견을 고려한다. 통계나 사례 등의 근거를 중시하며 검증되지 않은 방법은 시도하지 않는다. 일하며 단계나 절차 등을 중시하여 일정을 빠듯하게 운영한다. 성취보다 실패를 중시하여 시킨 일을 완벽하게 수행하는 것을 성과로 여긴다. 일하며 감정을 쉽게 드러내지 않지만, 관계에서 서운함 같은 감정을 드러내면 원래대로 관계를 복원하는 데 오랜 시간이 필요하다. 일에 대한 고민과 생각이 많아 위험을 크게 생각할 수 있다.

정형업무나 숙련업무를 하며 성취지향인 스타일은 '군인'의 이미지다. 체계적이고 반복적인 일에 익숙하다. 성취를 중시하고, 도전에 대한 두려움이 적어 다양한 일을 시도하지만, 업무 경험이 적어 일의 단계를 세부적으로 챙기거나 업무 중 발생하는 이슈에 대한 대책이 다소 아쉬울 수 있다. 성장의 욕구가 높아 배우려고 하지만, 직접적 조언은 잔소리로 느껴 간접적인 조언으로 사례를 제공하거나 긍정적 피드백과 교정적 피드백을 섞는 등의 간접적 조언이 효과적이다.

정형업무나 숙련업무를 하며 안정지향적인 스타일은 '꿀벌'의 이미지다. 단계나 내용이 명확한 일에 기존의 방법을 고수한다. 한 번에 한 가지 일을 처리하며, 자신의 책임을 다하려 한다. 업무의 단계를 충실히 지켜 업무의 속도가 떨어지는 편이다. 자신의 업무만을 고수하여 업무 협조 등이 원활하지 않고, 자기 일에 머물러 수동적인 업무 태도로 비춰질 수 있다. 이들이 생각하는 성과는 실수 없는 상태, 시킨 일을 다 하는 것이다.

사람은 누구나 강점과 약점이 있듯이 각각의 스타일도 그러하다. 탐험가와 군인은 긍정적인 결과에 집중하고, 과학자와 꿀벌은 안전에 집중한다. 탐험가와 군인은 위험해도 다양한 시도와 새로운 일, 변화에 더 개방적이고, 과학자와 꿀벌은 실수를 회피하고 현재 일을 유지하며 변화에 덜 개방적이다. 탐험가와 군인은 팀의 성과와 자신의 성장을 위해 가능한 모든 수단을 탐색하고 시도하지만, 과학자와 꿀벌은 의무와 책임을 다하고 부정적인 결과를 피하기 위해 실수를 회피하는 것에 주력한다. 업무에 대한 감정에서도 탐험가와 군인은 성취감을, 과학자와 꿀벌은 안정감을 중시한다.

탐험가, 군인, 과학자, 꿀벌의 오묘한 조화

적재적소. 알맞은 인재를 알맞은 일에 사용한다는 뜻이다. 하지만 팀으로 일하면 알맞은 인재만 있는 건 아니고 적당한 인재, 아쉬운 인재도 있기 마련이다. 그러니 없는 훌륭한 인재보다 곁에 있는 평범한 인재와 세트플레이를 하자. 그게 현실적이다. 상대가 어떤 스타일인지에 따라 일을 시키고, 업무를 요청할 때의 주의할 내용이 무엇인지 챙겨보자.

탐험가 스타일과 일할 때는 해결할 문제, 일의 목적, 일을 요청하는 의도 등과 같은 일의 WHY를 공유해야 한다. 또 일의 결과물에 대한 구체적인 상태와 조건인 목표 설계도를 합의해야 한다. 탐험가 스타일에게 어떻게 일을 수행할지 업무 계획을 듣고 지원해야 할 일들을 경청한다. 탐험가 스타일에게 어떻게 일하라고 말하면 잔소리일 뿐이다. 자꾸 말하면 말하는 사람은 입이 아프고, 듣는 사람은 귀가 아프다. 그래서 탐험가 스타일은 최대한 자율적인 업무 수행을 보장해야 한다. 다만 지나치게 주도적인 업무 수행으로 동료들이나 다른 팀들과 갈등이 생길 수 있으니 유의하라고 조언한다. 지나치게 여러 일을 동시에 할 수 있으니 일의 우선순위를 정하도록 코칭한다. 다소 급한 성격으로 일단은 긍정적으로 답변하고 추후에 진행 사항을 공유하며 일정이나 결정을 천천히 하도록 의논한다.

과학자 스타일과 일하면 단계를 준수하고 업무를 분석하여 안전하게 일을 진행한다. 리스크를 회피하려고 하기 때문에 가능한 통계나 사례 등으로 설득한다. 잘못되면 어떻게 할지 우려를 많이 하는 편이라 긍정적 대화를 많이 나눈다. 업무하며 자신에게 주어진 일정을 최대한 활용하기 때문에 일정을 바트게 설정한다. 예를 들어 일정이 일주일이라면 목요일까지 기한을 두는 식이다. 기록을 중시하기 때문에 어떤 업무를 요청할 때 이전의 업무 관련 내용, 회의록 등을 참고하면 좋다. 예를 들어 데이터를 요구하거나 업무 협조를 요청할 때 이전에 관련된 근거나 이메일 등을 참고하여 말하면 효과적이다. 사람 관계보다 업무 중심으로 일을 어떻게 다룰지 등을 중점적으로 이야기한다.

군인 스타일과 일하면 본인의 성장에 대한 욕심으로 다양하게 시도하므로 일에서 꼼꼼함을 지원하고, 전문적 의견을 보탠다. 예를 들어 일을 마치고 나면 업무에 대한 의미, 이번 일에서 무엇을 배웠는지 같은 학습 포인트 등을 말한다. 업무 계획을 세울 때 어떤 점을 고려하고, 어떤 점을 피해야 하는지를 의논하고 돕는다. 일하며 생기는 이슈는 사례 등을 조언하며, 결과가 끝난 후 빠른 피드백으로 수정 보완하도록 유도한다.

꿀벌 스타일과 일하면 상대가 하는 일의 의미를 설명한다. 담당하고 있는 일의 가치를 과하지 않게 설명한다. 지나친 진지함은 아직 무리다. 일의 단계, 이슈 등을 사전에 미리 공유한다. 주로 정형적인 업무를 수행하기 때문에 단계별로 보고, 상담, 연락이 중요하다고 안내한다. 또한 업무 협조할 때 지나치게 회피하는 모습을 보일 수 있는데, 완벽하게 수행하거나 실수하는 것을 두려워하는 이유일 수 있으니 실수에 대한 부담과 안전감을 심어준다.

지금까지 탐험가, 군인, 과학자, 꿀벌 스타일을 대하는 방법을 살펴봤는데, 스타일 간 협업은 어떨까? 연구 결과[16]에 따르면 성취지향과 성취지향의 사람이 만나면 서로 급한 성격과 하고자 하는 의지가 높아 흔히 말하는 회오리 같은 분위기가 형성된다고 한다. 즉, 일이 빠르게 진행된다. 또한 서로 긍정적으로 말을 해주고, 자기계발의 기회를 제공하며 도전적인 자세를 응원한다. 하지만 성취–성취 세트플레이는 간혹 서로의 의견이 강하게 부딪쳐 갈등, 상처, 좌절하게 될 수 있다. 성취지향의 사람과 함께 일하려면 강점뿐만 아니라 약점도 인정하여 서로를 보호하고 서로 돕는 규칙을 정하는 것이 좋다. 성취지향끼리 잘 되면 더 이상 좋을 수 없지만, 안 되면 원수도 그런 원수가 따로 없다. 적정한 거리 두기가 필요하다는 뜻이다. 예를 들어 둘 다 성취지향이라면 일을 지나치게 낙관적으로 파악할 수 있으니 어떤 일에도 위험이 있을 수 있음을 인정하고 플랜 B와 같은 차선책을 준비한다. 또한 완성도가 부족한 성과를 달성하지 않으려면 일을 시작하기 전에 달성할 성과에 대한 상태, 조건 등을 살펴본다.

안정지향과 안정지향이 만나면 자전거처럼 느리지만 꾸준하다. 아주 천천히 일하는 방법과 신뢰를 만든다. 서로 일에 대해 배려하고 지원하여 자신의 경력개발이나 자기계발 기회도 포기한다. 묵묵히 곁에서 지원한다. 하지만 안정지향과 안정지향의 세트플레이는 어느 순간 서로 소통의 답답함을 느낄 수 있고, 환경 변화에 신속한 대응이 어려울 수 있다. 따라서 안정-안정의 세트플레이는 새로운 아이디어의 추가나 시도 등을 보완해야 한다. 검증된 방법을 선호하니 동종 업계의 아이디어나 다른 업계의 같은 일을 하는 팀들을 벤치마킹해서 활용한다. 새로운 아이디어나 새로운 시도는 서로 긍정적으로 피드백한다. 아울러 업무 처리 속도가 다소 떨어질 수 있으니 불필요한 단계는 통합하여 업무 속도를 개선한다.

베스트 세트플레이는 성취지향과 안정지향 간 조합이다. 양쪽 다 자신의 성향을 살리며 일할 수 있다. 성취지향 스타일이 방향과 큰 그림을 제시할 수 있고, 안정지향 스타일이 세부적인 사항과 일정을 수립할 수 있다. 이들이 서로 자신의 강점을 결합하려면 앞서 말한 대로 심리적 안전망과 공통적으로 일하는 방법을 갖추어야 한다.

〈라디오 스타〉는 퇴물 가수(박중훈)와 매니저(안성기)가 영월에 있는 지방 방송국에 가서 겪는 에피소드를 다룬 영화이다. 극중 매니저인 박민수가 천문대에서 별을 구경하며 자신의 가수인 최곤에게 던지는 말은 가수와 매니저, 동료 간의 관계를 어떻게 다뤄야 하는지 깨달음을 준다.

"별은 말이지, 자기 혼자 빛나는 별은 거의 없어. 다 빛을 받아서 반사하는 거야."

타인의 인정으로 자기 가치를 느끼는 것은 바람직하지 않다. 하지만 팀에 속해 함께 일한다면 누구도 완벽히 혼자일 수 없고, 어우러져 일할 때 더 좋은 성과를 낼 수 있다.

9

의미 있고 힘이 되는 인사 평가를 하고 싶다면

팀장은 친절하게 쓴소리하고, 팀원은 성과로 말하자

못난 글과 못난 피드백은 같다

《유시민의 글쓰기 특강》이라는 책에서 입으로 소리 내어 읽기 어렵거나, 귀로 듣기에 좋지 않거나, 뜻을 파악하기 어렵다면 못난 글, 잘못 쓴 글이라고 했다. 못난 글은 독자의 공감을 얻지 못하고 마음을 움직이지 못하는 글이다. 팀 성과를 달성하고 팀원 성장을 돕는 피드백에도 못난 피드백이 있다. 못난 피드백도 못난 글처럼 쉽게 동의하기 어렵고, 마음을 움직이지 못한다. 못난 글과 못난 피드백은 똑같다. 못난 피드백은 포괄적이고, 비슷한 뜻을 반복하며, 오지랖이 넓다.

못난 피드백은 쓸데없이 포괄적이다. '탁월하다', '잘한다' 등으로 막연한 칭찬만 있을 뿐 성과를 분석하지 않는다. 반면 성과를 재현하는 피드백은 기대한 목표에 비해서 얼마나 달성했는지, 그 성과가 팀의 성과에 얼마나 기여했는지 등을 나타낸다. 못난 피드백은 '잘한다',

┌─── 피드백 1 ───┐

현업으로 바쁜 와중에도
아이디어를 내는 것에 대
한 욕심을 멈추지 않으며,
늘 의욕적인 태도와 긍정
적인 자세로 타 팀원들에
게 좋은 영향을 주는 훌륭
한 직원입니다. 앞으로도
본인의 능력을 더욱 개발
하여, 본인만의 창의성 있
는 팀원이 되길 바랍니다.

VS.

┌─── 피드백 2 ───┐

업무 경험이 점차 쌓이면서 전체 업무의 프로세
스에 대한 이해도가 크게 증가하고, 담당한 프로
젝트에 대해 우수한 성과를 내고 있습니다. 특히,
L사 온라인 프로젝트에서 까다롭고 갑작스러운
고객사 요청에 원만하게 대응하여 온라인 프로젝
트를 성공적으로 개최하였습니다. 이런 대응에
따라 기대했던 목표 대비 높은 매출을 달성하여
팀 성과에 기여했습니다.

또한, S사와 진행한 신규 ESG 등의 프로젝트에서
도 고객사의 요청에 대한 맥락을 잘 파악하여 프
로젝트 수행 방향에 아이디어 제안이 탁월했습니
다. 특히 ESG 프로젝트에 대한 MZ세대의 이슈를
잘 발굴하여 독특한 아이디어를 제안한 것은 좋
았습니다.

'믿는다', '잘하고 있다'는 말이 있을 뿐 '무엇을, 얼마나, 어떻게' 기여
했는지 등을 알 수 없어 공감이 어렵다. 못난 피드백은 빈약하다. 근
거를 모르는 말만 있을 뿐, 성과에 영향을 미치는 주요한 행동이나 사
례 등은 부족하다. 성장을 돕는 피드백은 팀원의 행동을 관찰하여 강
점을 발굴하고, 구체적인 사례를 들어 습관으로 유도하지만, 못난 피
드백은 그러지 못한다. 못난 피드백은 에둘러 표현한다. 달성하지 못
한 성과를 짚지 못하고, '아쉽다', '아깝다' 등으로 말한다. 성과와 성
장을 돕는 피드백은 달성하지 못한 성과를 구체적으로 짚고, 다음에
만회하자는 의견과 구체적인 방법을 제안한다. 못난 피드백은 알아
서 해야 하는 식이다. 팀원의 역량을 지적하나 현장의 특성에 맞는 교

육 방법을 제안하지 못한다. 부족한 역량을 지적하지만, 알아서 교육 받으라는 내용이다. 사례 9-1을 통해 못난 피드백과 좋은 피드백을 비교해보자.

[피드백 1]은 막연한 칭찬과 기대감을 나타내고 있다. 지금까지 아이디어를 잘 냈고, 앞으로 창의성을 기대한다는 내용의 피드백이다. [피드백 2]는 팀 성과에 기여했고, 어떤 점이 우수했는지 등을 짚는다. 특히, 성과를 내기 위한 구체적인 행동으로 '까다롭고 갑작스러운 고객의 요청에 원만하게 관리와 대응', '고객사의 요청에 대한 맥락 파악', 'MZ세대의 이슈 발굴과 독특한 아이디어 제안' 등이 좋은 성과를 낼 수 있었던 근거임을 설명한다. 정리하면 [피드백 1]은 막연하고, [피드백 2]는 구체적이다. [피드백 1]은 어느 누구에게나 말해도 되지만, [피드백 2]는 L사 프로젝트와 S사 프로젝트에 참여한 팀원에게만 유효하다. [피드백 1]을 읽으면 어떤 행동을 해야 할지 모르겠지만, [피드백 2]를 읽으면 앞으로 어떤 행동을 많이 해야 할지 마음이 움직인다. 좋은 피드백은 어떤 성과를 달성했고, 얼마나 팀에 기여했는가에 대한 구체적인 행동과 사례를 포함한다.

못난 피드백은 같은 말을 반복한다. [피드백 3]은 고객사의 이름을 나열하며 고객사의 과제를 잘 처리했다고 인정하지만, 연이어 나오는 고객 관리가 뛰어나다는 말은 앞의 말과 중복된다. [피드백 4]는 구체적인 업무에서 자료 조사, 아이디어 제안, 디자인 개발 등에서 높은 참여를 보인다고 피드백했다. 아울러 팀원에게 앞으로 어떤 행동을 하면 되는지 구체적인 예시를 통해 이해시킨다. 좋은 피드백은 구체적인 업무 프로세스와 앞으로 개선할 행동을 쉽게 풀어서 설명한다.

피드백 3		피드백 4
A사, B사, C사 등 고객사의 어려운 과제에 대해 대처하는 수준이 매우 높고, 고객 관리도 뛰어남. 아울러 관계사 지원 업무에도 뛰어난 기획력을 보이고, 대인 관계를 통한 문제 해결 능력도 높음.	VS.	K사 경쟁 제안에서 기초 자료 조사, 아이디어 제안, 디자인 개발 회의 등에서 적극적인 참여를 보였습니다. 아울러 고객 관리에서 루틴 업무뿐만 아니라 서비스 다양화를 통한 수익 개선에서도 높은 관심을 보이고 있습니다. 향후 아이디어를 제안하며 좀 더 구조화시키면 자신만의 차별화된 제안이 될 것으로 기대합니다. 다만 아쉬운 점으로는 고객사나 유관팀과 정확한 소통을 하는 것입니다. 예를 들어 타 부서에 자료를 보낼 때는 구체적으로 잘못된 표기나 어색한 표현이 없는지 한 번 더 살피고 보내기 바랍니다.

피드백 5

업무에 대한 대화 시 이해도가 빠르고 반복하여 설명하지 않아도 되는 장점이 있고 상대방의 이야기를 잘 경청함.

평상시 웃음이 많고 쾌활해 보이나 친해지기 전까지 매우 낯을 가리는 성격으로, 질문이 적고 본인의 생각이나 사생활에 대해 이야기를 거의 하지 않음.

그렇기에 무슨 생각을 갖고 있는지 알기 어렵고 방향성을 잡아주기 어려움. 친밀도를 천천히 쌓아가는 방법으로 개선해주고자 함.

못난 피드백은 오지랖이 넓다. [피드백 5]의 첫 문장에서는 상대가 가진 높은 이해도, 훌륭한 경청 능력을 칭찬했다. 다음 문장에서는 상대의 성격에 대한 아쉬움을 짚는다. 좋은 피드백은 성과를 달성하고 성장을 돕는 데 목적이 있다. 상대가 자발적으로 자기만의 생각이나 개인 생활을 먼저 털어놓으면 상담할 수 있지만, 업무 관련 피드백에서 개인 생활이나 생각을 털어놓으라는 것은 지나치다. 간섭할 필

요 없는 일에까지 주제넘게 참견하는 오지랖이 넓은 피드백이다. 관계의 선을 넘는다고 친한 것도 아니고, 간섭하지 않아도 되는 일까지 챙겨야 피드백을 할 수 있는 것도 아니다. 손이 닿지 않으나 이름을 불러 대화할 수 있는 적당한 거리에서 어떻게 일하면 될지 의견을 제안하는 것이 좋은 피드백이다.

정리하면 좋은 서면 피드백은 구체적이고, 이해 가능하며, 실행 가능한 내용을 담고 있다. 우선 구체적인 피드백은 성과의 달성 여부를 알려주고, 구체적인 행동을 제시하여 다음에도 성과를 재현하도록 안내하고, 더불어 좋은 행동을 익히도록 하는 것이다. 다시 말해 지금까지 무엇을 잘했고, 앞으로 무엇에 집중해야 하는지를 정확히 알려주어야 한다. 그래야 성취도가 올라간다. 막연하게 '잘했어, 좋아', 두루뭉술하게 '최고야'라고 하는 칭찬은 평가가 아니다. 두루뭉술한 피드백은 헛된 기대만 키울 뿐이다.

다음은 이해 가능한 피드백이다. 상대가 이해할 수 없거나 유사한 말을 반복하는 피드백은 도움이 되지 않는다. 그러니 도덕적 판단이나 취향을 드러내기보다 상대가 이해할 수 있는 행동으로 피드백한다. 예를 들어 '꼼꼼해'보다 '보고서를 보낼 때 오탈자를 한 번 더 살피고 제출하라'가 더 이해하기 쉽다.

끝으로 실행 가능성이다. 상대가 피드백을 듣고 스스로 행동으로 옮길 수 있도록 풀어서 설명해야 한다. 즉, 상대가 제공 받은 피드백을 바탕으로 연습할 수 있도록 구체적 범위와 내용을 제안한다. 예를 들어 역량을 개발하자고 권유한다면 '브랜드와 커뮤니케이션 이론이나 분석 방법 등의 이론적 학습을 할 필요가 있다'는 피드백은 실행 가능성이 다소 떨어진다. 대신 '사내 단기 마케팅 이론 교육 프로그램을 수강하고, 분기별 브랜드와 광고커뮤니케이션 책 한두 권을 읽길 권장합니다'라는 피드백은 실행 가능성이 높다. 성과 피드백은 성과 달성과 성장 유도라는 목적을 향해 잘 가고 있는지, 현재 얼마나 잘하고 있는지, 앞으로 어떻게 해야 하는지 등을 공유한다. 즉, 성과 피드백은 성과를 달성하며 발견한 강점과 긍정적인 행동을 강화하고, 성과 달성에 도움되지 않는 행동을 수정하며, 앞으로 어떻게 해야 할지 방향을 공유하는 데 목적이 있다.

서면 피드백에는 잘한 것과 잘할 것을 쓰자

서면 피드백에는 성과 서면 피드백(이하 성과 피드백)과 성장 서면 피드백(성장 피드백)이 있다. 성과 피드백은 업무를 마치고 과정을 리뷰하여 팀 성과에 대한 기여도와 다음 기간에 적용할 전략을 살펴 시사점을 발굴하는 피드백이다. 이번 개인의 성과 달성률과 함께 팀 성과에 대한 기여도를 확인한다. 아울러 성과를 달성하기 위해 수립했던 전략을 살펴 계획의 오류를 줄이고, 집중할 요인을 찾아내는 내용을 담고 있다. 요약하면 성과 피드백은 성과의 기여도와 전략의 적중률을 살펴보는 것이다. 성과 피드백은 크게 보면 달성한 성과와 보완할 성과 2가지로 구성된다. 달성한 성과는 개인의 성과 달성률과 팀 성과 기여도, 달성할 수 있었던 개인의 강점, 강점을 향후 업무 습관으로 유도하는 역량 개발 가이드로 구성된다. 보완할 성과는 달성하지 못한 성과, 관리하지 못한 요인 분석, 달성하지 못한 성과에 대한 향후 계획 등으로 구성된다.

다음은 팀원이 작성한 성과 피드백 예시이다.

사례 9-2 팀원이 작성한 자기 성과 피드백

달성한 성과

한 해 동안 좋은 성과를 낼 수 있도록 도와주셔서 감사합니다.

제가 생각하는 탁월한 성과는 우선 A 신제품 타깃 시장 점유율을 10% 올린 것이라 여겨집니다. 이는 원래 목표로 하였던 8%보다 약 2% 정도 상회한 결과인지라 저희 팀과 사업부 매출액 향상에 기여를 했다고 생각합니다.

그것이 가능할 수 있었던 것은 경쟁사 신제품의 시장 전략을 상세하게 파악했고, 아울러 현장에서 고객들을 직접 관찰하고 느껴보면서 A 신제품에 대한 판촉 전략을 적시에 맞춤형으로 실행하였기에 가능했다고 생각합니다.

특히, 핵심 타깃 고객이었던 여대생들로 구성된 A 제품 평가단을 운영한 것이 주요 성공 요인이었다고 생각합니다. 이들의 구매 패턴을 일정한 유형으로 분류해내고, 이들을 통해 입소문이 나게 하여 수도권 일대의 시장 점유율을 크게 올릴 수 있었던 점이 이와 같은 성과를 내는 데 크게 작용했다고 생각합니다.

앞으로도 이런 점은 지속적으로 유지하고 보완하도록 정리하여 매뉴얼화할 예정입니다.

보완할 성과

올해의 성과를 반성하니, 제일 아쉬운 점은 기존 P 제품에 대한 판매 수요 예측의 오차가 30%에 달했다는 것입니다.

특히 영업팀, 연구개발팀과 원활한 커뮤니케이션을 통하여 P 제품에 대한 고객의 구매 패턴 정보를 적극적으로 전달하고, P 제품에 대한 분기별 수요 예측과 관련한 구체적 데이터의 정확도를 높였어야 했는데, 이 부분이 매우 미진했던 것 같습니다.

그래서 당초 계획했던 판매 수요 예측 오차율 10%를 달성하지 못했습니다.

물론 전체적인 시장 성장률이 당초 예상했던 4%에서 2%로 정체되면서, 기존 제품 판매 기회가 상대적으로 줄어든 것에도 어느 정도 영향을 미쳤다고 볼 수 있긴 하지만, 무엇보다 저의 노력이 부족했습니다.

향후에는 판매 수요 예측 오차를 최대한 줄이기 위해 고객 구매 패턴 정보 수집과 공유에 이전 대비 20%의 시간을 더 쏟도록 하겠습니다.

만약 팀장님께서도 시간이 허락하시다면 판매 수요 예측 오차에 대한 이전 자료와 판매에 대한 경험을 살리셔서 분기 1회 정도는 워크숍 등을 통한 Best Practice 등을 말씀해주시면 좋겠습니다. 부탁드립니다.

성장 피드백은 일하며 드러난 역량과 개발이 필요한 역량에 대한 피드백이다. 성장 복기는 보유한 역량과 필요한 역량으로 나눠 피드백한다. 보유한 역량은 관찰한 행동과 사례 등을 바탕으로 역량을 짚어 확인하고 지지한다. 아울러 보유한 역량 중 강점을 선택하고 꾸준히 반복하여 습관이 되도록 하는 의견을 제시한다. 개발이 필요한 역량도 관찰할 행동과 사례 등을 바탕으로 필요한 역량을 제시하고 상대에게 제안하고 싶은 역량 개발 방법을 피드백한다.

다음은 팀장이 작성한 팀원에 대한 성장 피드백이다.

팀장이 작성한 팀원에 대한 성장 피드백

보유한 역량

정 위원, 올 한 해도 수고가 많았습니다.

그동안 정위원이 보여준 데이터 분석력과 보고서 구성력이 상당히 탁월합니다. D사 인사평가제도 분석 보고서와 현장 정착 시나리오 분석에서 고객사 담당자와의 소통, 다양한 자료 조사와 맥을 짚는 분석력이 전년 대비 매우 좋았습니다.

분석력과 구성에서 치밀한 사전 준비와 고객 니즈 파악 등을 통해 보고서의 완성도를 높인 것은 컨설팅을 책임지는 컨설턴트로서 바람직합니다.
또한 전략적 사고 역량 측면에서도 업무를 잘 실행하며 광고업에 대한 판단력이 돋보였습니다. 다양한 채널을 통한 시장 분석, 전문가와의 연구 네트워크는 성과를 달성하는 데 기여했습니다.

앞서 응원하는 분석력과 보고서 구성력, 판단력은 앞으로 꾸준히 실천해서 습관으로 만들길 기대합니다. 예를 들어 월 1회 고객사 담당자와의 네트워크 활동, 월 1회 ○○업에 대한 정보 공유 등을 실천할 수 있겠죠?

필요한 역량

고객 지향의 역량에서 보면 정위원의 소통에서 같은 말을 반복적으로 사용하는 것을 관찰할 수 있어요. 프로젝트에서 과제의 표현이 유사해서 고객들이 불필요한 과제로 오해했던 기억이 있을 겁니다. (A사 중장기 전략 발표)

또한 기존 고객들을 직접 대면해서 찾아가는 일에 대한 적극성도 좀 더 개발했으면 좋겠어요. 컨설팅 후속 작업에서 컴플레인이 있었던 사연을 기억할 겁니다. 힘들겠지만 컨설턴트에서 프로젝트 리더가 되려면 다양하게 표현하는 방법을 익혀야 합니다.

저라면 과제를 표현하는 단어집을 만들어 활용하거나 다른 보고서를 분석하여 과제 모음집을 정리해보겠어요. 본인에게 다른 방법이 있다면 고민해서 의논해주세요. 그리고 주요 기존 고객에 대한 정보를 업데이트해서 다른 컨설턴트들과 공유하여 주시기 바랍니다. 지금까지 잘했고, 현재도 잘하며, 앞으로도 잘할 것을 기대하니 보완할 역량은 개발 계획을 세워 의논해주세요.

그렇다면 앞의 사례처럼 팀장과 팀원이 서면으로 피드백할 때 어떤 점에 주의해야 할까?

첫 번째 강조하고 싶은 점은, 피드백을 순차적으로 진행하기보다 동시에 진행하라는 점이다. 이는 팀장이 팀원의 자기 성과 피드백을 무시하라는 것이 아니고, 팀원이 자기 마음대로 쓰라는 뜻도 아니다. 일반적으로 팀원이 자기 성과 피드백을 제출하면 그 다음 팀장이 팀원의 자기 평가 의견을 검토하는 식으로 순차적으로 피드백이 진행된다. 이 경우 팀장은 팀원이 제출한 자기 피드백을 기준으로 잘했다고 할지, 아쉽다고 할지를 고민하여 평가 결과를 결정한다. 즉, 팀장이 팀원의 성과를 살펴 의견을 내는 것이 아니라 팀원의 자기 평가 의견에서 출발하여 피드백을 가감하게 된다. 여기에서 앵커링 효과가 나타난다.

앵커링 효과는 외부로부터 입력된 정보가 자기 판단의 범위를 결정하는 준거점인 닻(anchor)이 되는 효과를 가리킨다. 그래서 순차적으로 진행되는 인사평가제도에서 가장 많이 나타나는 문제점은, 팀원들 모두가 자신에 대한 평가를 최고의 성과로 자기 성과 피드백에 제출한다는 것이다. 그래야 팀장이 조정하더라도 거기서 큰 폭으로 낮추기 어렵기 때문이다. 예를 들어 팀원이 자기 성과 피드백에 10점 만점에 10점이라 '당차게' 적으면, 팀장은 팀원이 제출한 10점을 기준으로 1~2점을 가감하는 의견을 고려한다. 이 경우 최소 8점에서 최대 10점의 범위다. 반대로 팀원이 자신의 성과를 10점 만점에 7점으로 '겸손하게' 제출하면, 팀장은 7점을 기준으로 1~2점을 가감하여 최소 5점에서 최대 9점을 준다. 결국 8~10점과 5~9점을 비교하면 순차적으로 진행하는 평가에서는 겸손하게 피드백하기보다 당차게 자신이 최고라고 피드백을 적는 것이 좋은 평가 결과를 얻을 수 있다. 앵커링 효과를 방지하려면 팀장과 팀원은 각자가 피드백을 정리하고 함께 비교하는 것이 좋다.

두 번째 강조하고 싶은 것은 성과 피드백은 대화체로 쓰는 것을 추천한다. 보통 피드백을 쓸 때 건조하게 명사형으로 많이 쓴다. 예를 들어, '업무에 있어 성실하게 임하는 태도임'이라고 쓰는데, 피드백을 대화라고 생각하면 이런 표현을 쓰지 않을 것이다. '내가 볼 때 ○○씨는 일할 때 항상 다양한 방법을 고민해.' 쯤으로 말하기를 추천한다. 글과 말은 자신의 생각과 마음을 전달하는 도구이다. 따라서 평소에 쓰지 않는 말투로 글을 쓰면 마음과 생각을 전달하는 것이 아닌 서로의 마음이 통하는 것을 막는 상황이 된다. 따라서 기존의 건조한 명사형으로 쓰던 피드백을 소리 내어 읽어서 대화하듯이 쓰도록 한다. 조금 더 읽기 편하게, 조금 더 듣기 쉽게, 조금 더 뜻을 파악하기 쉽게 대화체로 쓴다.

세 번째 강조하고 싶은 것은, 피드백에서 달성하지 못한 성과에 대한 만회 대책을 수립하라고 의견을 내거나 역량 개발 방법을 추천할 때, '내가 자네라면'과 같은 가정법으로 표현하는 것이다. 보통 상대에게 방법을 제안할 때 가장 많이 쓰는 화법이 '나 때는 말이야' 하는 식인데, 상대가 공감하기 어렵고, 오히려 잘난 척하는 것으로 비칠 수 있다. 이보다 상대의 입장에서 가정하여 제안할 것을 추천한다. 이렇게 말하면 훨씬 공감 가는 피드백이 될 수 있기 때문이다.

서면 피드백을 쓰는 5단계

성과 피드백과 성장 피드백을 쓰는 방법을 구체적으로 살펴보자.

서면 피드백을 쓰는 방법은 기록, 추출, 분류, 선택, 작성의 5단계를 거친다. 다시 강조하지만 팀장과 팀원이 동시에 피드백을 쓰기 때문에 같은 순서로 진행한다.

1단계, 팀장과 팀원은 업무 기록을 챙긴다.

2단계, 각자 자료를 살피며 성과와 성장 메시지를 추출한다.

3단계, 각자 워크시트를 활용해서 성과와 성장의 메시지를 분류한다.

4단계, 각자 메시지들 중에서 이번에 공유한 성과와 성장 메시지를 선택한다.

5단계, 각자 선택한 메시지를 대화체의 서면 피드백으로 작성한다.

먼저, 업무 기록을 챙긴다. 팀원은 자신의 업무와 관련된 보고서, 목표 설정 내용, 업무 계획 등을, 팀장은 팀원의 목표 대비 성과, 팀원이 쓴 보고서, 면담 기록 등을 챙긴다. 피드백의 재료는 많으면 많을수록 좋다. 다음은 메시지를 추출한다. 팀원은 강조하고 싶은 성과와 성과를 달성하기 위한 전략, 올해 집중한 역량 개발 내용과 방법 등을 자료를 살펴보며 적는다. 팀장은 팀원의 성과와 성장의 기록을 살펴보며 팀원에게 해주고 싶은 메시지, 키워드를 떠오르는 대로 적는다. 키워드나 문장 등 어떤 형태도 좋고, 가능한 메시지를 많이 뽑는다. A4용지보다는 포스트잇 1장에 메시지 1개를 담는다. 업무 기록을 살피며 떠오르는 내용을 다듬지 말고 적는다. 사소하고 소소하며 대수롭지 않아 보이는 사례에서 깨알 같은 관심이 느껴지기 때문이다.

그 다음은 분류이다. 성과 피드백은 달성한 성과와 보완할 성과 2가지로 구별하고, 성장 피드백은 보유한 역량과 필요한 역량으로 구별한다. 앞서 설명한 대로 성과 피드백의 달성한 성과 평가 메시지에는 성과 달성도 확인, 성과를 달성할 수 있었던 전략 요인, 일하면서 발견한 강점, 강점을 어떻게 개발하면 좋을지 등을 분류한다. 반면 보완할 성과 평가 메시지에는 미달성 성과에 대한 확인, 미달성하게 된 원인으로 무엇을 놓쳤는지, 향후 보완 계획에 대한 의견 등을 분류한다. 성장 피드백의 보유한 역량 메시지는 관찰한 행동과 사례와 역량을 확인하고, 발굴한 역량을 습관화하는 방법 등을 분류한다. 다음은 개발이 필요한 역량도 기억에 남는 행동과 사례 그리고 역량을 확인하고 역량 개발 방법을 '만약 내가 당신이라면' 하는 식으로 제안한다.

다음 순서는 선택이다. 먼저 작성한 달성한 성과와 보완할 성과를 바탕으로 이번 평가에 반영할 내용과 보류할 성과 복기 메시지를 정한다. 즉, 이번 평가에 전달하고자 하는 최종 메시지를 3가지 정도 추린다. 마찬가지로 성장 피드백도 최종 메시지를 3가지 정도 챙긴다. 많이 말한다고 더 잘 알아듣는 것도 아니고, 자주 말하면 잔소리일 뿐이다. 따라서 팀원은 팀장에게 강조하고 싶은 성과와 역량 개발을 3가지로 추리고, 팀장도 이번에 팀원에게 꼭 전달하여 효과를 볼 수 있고 중장기적으로 개발하길 바라는 메시지를 3가지 정도 추린다.

다음은 성과 피드백과 성장 피드백을 작성할 때 사용하는 워크시트이다. 마지막은 워크시트를 바탕으로 서면 피드백을 대화체로 작성한다. 사례 9-4는 팀원의 자기 성과에 대한 피드백 워크시트 사례이다.

팀원이 작성한 자기 성과에 대한 피드백 워크시트

달성한 성과	보완할 성과

• A 신제품 시장 점유율 10% 달성
- 8% 목표에서 추가 2%로 10% 달성, 팀 성과에
  기여
- 경쟁사의 전략 분석, 현장 고객 관찰, 판촉 전
  략 적시 제공
- 핵심타깃 고객으로 제품 평가단 구성
• 고객사 여신관리 강화, 악성 거래처 유지율 0%
- 악성 거래처(120일 초과 고객사)에 대한 집중
  관리
- 기본적인 여신관리 데이터관리 강화
- 재무관리 부서와의 정례적 소통
• 중장기 마케팅 전략 수립 완료
- 코로나19에 대한 비대면 영업관리 방안 수립
- 임원보고 완료, 즉각 시행
	• 기존 P 제품에 대한 판매 수요 예측의 오차율
	  이 30%
	- 영업팀, 연구개발팀과의 소통 다소 미흡
	- 판매 수요 예측에 대한 워크숍의 정기적 개최
	  (분기 1회)
	• 시장/고객 정보 수집 채널 다양화 다소 미흡
	- 시장, 고객 관련 정보 수집 채널을 기존 협력업
	  체 유지에 그침
	- 일본 S상사, 영국 T상사 등의 신규 채널 확보
	  예정(다음 분기에 지인의 소개 채널 확보 예
	  정)

성과 메시지	이번 피드백에 반영 여부
• A 신제품 시장 점유율 10% 달성	반영
• 고객사 여신관리 강화, 악성 거래처 유지율 0%	미반영
• 중장기 마케팅 전략 수립 완료	미반영
• 기존 P 제품에 대한 판매 수요 예측의 오차율이 30%	반영
• 시장/고객 정보 수집 채널 다양화 다소 미흡	미반영

사례 9-5는 팀장이 작성한 팀원에 대한 성장 피드백 워크시트 사례이다. 앞서 사례로 제시한 성장 피드백은 다음 워크시트를 참고로 작성한 내용이다.

보유한 역량	필요한 역량
• 데이터 분석이 좋았다. - D사 인사평가제도 고도화 프로젝트와 S사 일하는 문화 구축 방안에서 실문조사와 인력분석에서 이슈 도출이 탁월 • 보고서 구성력이 탁월했다. - L사 보고서에서 단순 화시긴 요약 보고서는 고객사 임원의 칭찬이 있었음 • 업무에 대한 이해가 뛰어났다. - 증권사, 전문연구기관, 협회 등 다양한 채널을 통한 자료로 업무 환경을 분석한 의견은 뛰어남 • 신규 업무에 대한 부담이 적은 자세 - 신규 제안서 등에 거부감을 나타내지 않는 행동	• 다양한 과제 표현 및 과제 도출 - 같은 말이나 유사한 말의 반복 사용 • 영업 활동 - 수동적인 영업 태도 - 신규 고객 발굴이나 상담에서 추가적인 제안은 다소 미흡 • 친화력 - 다른 프로젝트 멤버들과의 관계 형성에서 수동적 - 원활하지 못한 협업 활동

성장 메시지	이번 피드백에 반영 여부
• 데이터 분석이 좋았다. 사례로는 D사 인사평가제도 고도화 프로젝트, S사 일하는 문화 구축 방안	반영
• 보고서 구성력이 탁월했다. 사례로는 L사 요약 보고서	반영
• 업무에 대한 이해가 뛰어났다. 근거로 중장기 전략 수립 프로젝트들의 TF 회의	미반영
• 신규 업무에 대한 부담이 적은 자세. 신규 제안서 수행 10건	반영
• 다양한 과제 표현 및 과제 도출. 근거 D사 인사평가제도 고도화 프로젝트에서 과제 도출	반영
• 적극적인 영업 활동. U사 성과관리 고도화 미팅(11월)	미반영
• 다른 팀원과의 관계 형성. 근거로 김위원, 장위원과의 관계 형성에 대한 대화	반영

팀장과 팀원 모두 글로 쓰는 피드백은 어렵다. 특히 나쁜 평가 결과를 공유해야 하는 피드백은 더욱 아프고 힘들다. 서면으로 나쁜 평가 결과의 피드백을 전달하는 팀장은 왜 자신이 팀원에게 이런 평가 결과를 전달해야 하는지 모르겠다면서 하소연하기도 했다. 2차 평가인 임원평가, 최종 평가 결과를 확정하는 CEO평가를 거치면서 바뀐 평가 결과를 팀장이라는 이유만으로 전달하려면 속이 터진다고 했다. 팀장이 인사 평가의 결과를 팀원에게 알려야 하는 이유는 간단하다. 팀장이 고객 접점에서 팀원을 직접 관리하는 현장의 리더이기 때문이다. 팀은 성과를 내고 팀원의 성장을 직접적으로 책임지는 회사의 기본 단위 조직이고, 그런 조직의 기본을 책임지는 역할을 하는 이가 팀장이다. 팀장은 친분과 관계를 중시하는 동호회장이 아니다. 회사는 친분으로 유지되지 않고, 질서와 규칙으로 유지된다. 물론 나쁜 평가 결과를 전달해야 하는 것은 아프고 힘든 일이지만, 악행을 저지르는 것은 아니다. 그러니 나쁜 평가 결과를 전달해야 하는데 팀원이 현재 처한 상황에 공감한다면, 자신의 난감함을 내세우기보다 팀원이 다시는 아프고 힘든 상황에 처하지 않도록 친절하게 편지처럼 성과와 성장에 대해 피드백하자. 정말 팀원을 아낀다면 다시는 팀원이 나쁜 결과를 받아들여야 하는 상황에 놓이지 않도록 성과와 성장을 복기해서 말이다.

팀원도 회사에서 자신에 대해 믿을 부분은 실력이라는 것을 잊지 말아야 한다. 팀장이 친절하게 쓴소리하면 관심이니 받아들일만한 일이다. 회사에서 누군가 쓴소리를 한다면 잘 듣고 자신이 판단해서 고치든지, 아니면 무시하면 된다. 만약 상사와 친분을 쌓거나 원만한 관계를 유지해서 당장의 좋은 평가 결과를 받으려 한다면, 그건 스스로를 망치는 길이고 회사를 오해하는 것이다. 회사는 일하는 곳이지 친목 단체가 아니다.

10

팀장과 팀원이 서로 동기를 관리하려면

서로의 감정을 알아차리고,
긍정적으로 자극하자

행동을 유발하는 심리적 트리거를 알아차리자

학문적으로 보면 '동기'란 '성과나 행동에 직접적인 영향을 미치지만 상황적 요소의 영향을 많이 받는, 그래서 자주 변하는 내면적인 요소'[18]라고 한다. 하지만 필자는 '동기'를 행동을 유발하는 이유로 '심리적 트리거'라고 설명한다. 어떤 이유로 상대가 행동을 취하는지를 알자는 뜻이다. 심리적 트리거에는 상대가 어떤 상황에서 움직이는지, 어떤 일에 몰입하는지 등의 접근적 행동을 위하는 긍정적 트리거와 어떤 일을 어려워하는지, 어떤 상황을 피하려 하는지 등의 회피적 행동을 취하는 부정적 트리거가 있다. 일반적으로 리더가 구성원들의 동기를 파악하여 관리하라고 하지만, 팀장과 팀원이 역할 중심적이고, 수평적인 관계로 이루어지는 팀플레이에서는 팀장과 팀원, 그리고 팀원들 간에 서로의 동기를 파악하고 관리해야 한다고 생각한다. 원활한 팀플레이가 이루어지려면 팀장과 팀원이 서로의 동기를 파악하고 자극하는 상호작용의 동기 자극이 필요하다고 본다. 서로의 동기를 읽고, 상대의 응원과 지지를 얻으려는 노력이 동기 자극의 시작이다.

심리학자인 다니엘 골드먼은 일에 대한 전문성이나 조직관리에 대한 지식보다 감성지능이 더 성과에 영향을 미친다고 했다. 여기서 말하는 감성지능은 자신의 감정을 제대로 이해하고 관리하는 동시에, 타인의 감정을 이해하며 영향을 미치는 능력이다.[19] 요즘은 안정적 급여, 높은 성과급 같은 것들보다 심리적 소속감, 존중의 욕구 등이 상대적으로 더 크기 때문에 현장에서 동기를 자극하려면 상대의 감정 상태를 파악하고 관계를 형성하는 능력인 정서적 밀고 당김이 더 중요해지고 있다. 왜 상대의 감정 파악이 중요해지는지 좀 더 살펴보자.

팀장과 팀원 간 정서의 밀당이 필요한 첫 번째 이유는, 팀이 성과를 내려면 서로의 참여가 필요하기 때문이다. 팀장은 팀원의 실력을 활용해서 일을 추진시켜야 하고, 팀원은 팀장의 직책을 활용해서 자기 일의 성과를 만들어야 하는데, 상대가 어떤 마음으로, 어떤 욕구에 움직이는지를 아는 것은 필수이다. 즉, 상대를 일에 몰입시키려면 상대의 욕구가 무엇인지를 알아야 한다. 팀장과 팀원 간 정서의 밀당이 필요한 두 번째 이유는, 욕구가 다양해지고 있기 때문이다. 앞에서 잠깐 이야기했지만 예전에는 동기 부여라면 높은 성과급 등을 손꼽았는데, 요즘은 성과급, 워라밸, 존중의 욕구 등 다양해지고 있다. 물론 일정 수준의 경제적 보상을 중시하지만, 성과급만으로는 일할 동기가 빈약하다. 워라밸 없는 많은 월급과 워라밸이 확보된 적은 월급 사이의 선택이 요즘 팀원들의 고민이 되고 있다. 2021년 10월 갤럽 조사에 의하면, 1980년부터 1994년 사이에 태어난 밀레니얼 세대의 직장인들은 입사를 결정할 때 '일과 삶의 균형, 웰빙(65%)'을 '매우 중요'하게 고려하는 것으로 나타났다. 임금 인상과 같은 재무적 보상(67%)이 여전히 1순위로 꼽히긴 했지만 2위를 차지한 워라밸과 별다른 차이를 보이지 않는 것으로 나타났다.[20] 팀장과 팀원 간 정서의 밀당이 필요한 세 번째 이유는, 앞서 설명했지만 팀장과 팀원의 관계가 수직적 관계에서 수평적 관계로 바뀌었기 때문이다. 수직적 관계에서 팀장은 직책자로서 권위를 인정받고, 평가에 대한 권한으로 팀원에게 업무 영향력을 행사했다면, 요즘 수평적 관계의 팀장은 팀원들에게 직책자의 권위는 약해지고, 평가권에 대한 권한도 축소되고 있다. 수직적 관계에서는 규율로 리더십을 발휘하고 팀원의 동기를 관리했지만, 수평적 관계에서는 팀원의 자발적 참여를 이끌기 위해 상대의 감정을 파악하고 관리할 필요가 생겼다. 결국 예전에는 직책과 함께 부여된 제도적 리더십이었다면, 앞으로는 정서적 관계의 밀고 당김, 즉 동기의 밀당이 필요하다. 그렇다면 팀장과 팀원, 우리는 어떻게 서로의 동기를 유도할까? 일의 목적을 성취하기 위해 팀장과 팀원은 어떻게 서로 마음을 챙겨야 할까?

팀 분위기 조성과 동기 파악 대화 방법

팀장과 팀원이 서로의 마음을 챙기기 위한 첫 번째 방법은 공통의 관심사, 가치관, 신념 등을 공유하는 대화를 늘려가는 것이다. 팀장과 팀원의 동기 관리를 위한 대화로는 팀 업무 분위기 조성 대화(이하 업무 분위기 대화)와 동기 파악 대화를 추천한다. 업무 분위기 대화는 팀원들이 자신의 일과 팀에 대한 생각으로 이루어진다. 업무 분위기 대화는 팀원들이 일에 대한 몰입도, 팀 내 사기 그리고 협업을 위한 팀 내, 팀 간 의사소통의 정도를 파악하고 이들을 개선하기 위한 내용을 파악하는 것이다. 업무 분위기 대화를 통해 팀장과 팀원은 업무에 대한 몰입도를 파악할 수 있고, 향후 팀을 어떤 식으로 개선해야 할지 구체적인 과제 등도 찾을 수 있다. 업무 분위기 대화는 팀원이 현재 자신이 업무에 어느 정도 몰입해 있는지를 파악하기보다 앞으로 어떻게 지원하고 응원하면 더 몰입할지에 대한 과제 등을 파악하는 것이 중요하다. 다시 말해 현상 파악보다 향후 개선 의견을 듣는 것이 핵심이다. 자신의 업무를 지나치게 기대 이하로 생각하는지, 반대로 기대 이상으로 강조하는지 등을 파악하여 정확한 업무에 대한 가치관과 업무 수행에 대한 요청과 기대감을 관리할 수 있다.

업무 분위기 대화는 올바른 업무 환경 조성을 위해 실시한다. 대화거리는 팀원의 업무 몰입도, 팀의 일하는 분위기인 팀워크, 팀 내에서 원활하게 대화하고 의논하는지를 파악하는 팀의 의사소통을 위한 내용으로 한다. 대화는 2개의 질문으로 구성되고, 팀장이 묻고 팀원이 답변하는 형식으로 이루어진다. 우선 첫 번째 질문에서 해당 대화거리에 대해 팀원이 어느 정도로 느끼는지 파악하고, 이어지는 두 번째 질문에서 해당 주제에 대한 장애물과 어려움은 무엇인지 파악한다. 예를 들어 본인이 생각하는 업무 몰입도를 1점부터 10점 사이의 어디에 두는지를 파악하고, 이어서 두 번째 질문에서 10점 만점 대비 부족한 점수를 올리기 위해서는 업무 수행에 장애물이 있는지, 팀장으로서 어떻게 도움을 주면 좋겠는지 등을 알아본다. 2개의 질문은 팀원이 업무 수행의 주인공이고, 팀장은 일하는 팀원을 지지하고 조언하는 역할임을 명확하게 이해하도록 돕는다. 팀장이 팀원에게 이렇게 업무에 몰입하고 저렇게 일하라 하는 대화를 아무리 많이 해봐야 일하는 팀원에게 필요한 지원 사항이 아니면 도움이 되지 않는다. 팀원은 자신에게 필요한 사항을 팀장에게 직접 말하고 팀장은 팀원에게 필요한 사항을 지원할 때 제대로 업무에 몰입할 수 있다. 다른 대화거리인 팀워크와 팀의 의사소통도 팀원들이 어느 정도 느끼는지 파악하고, 이를 활성화하기 위한 팀원의 요청 사항을 파악하는 질문으로 진행한다. 다음은 실제 업무 분위기 대화 사례이다. 필자가 컨설팅 프로젝트를 운영하면서 컨설턴트와 대화한 내용을 바탕으로 각색했다.

사례 10-1 업무 분위기 조성 대화

면담대상자 : 박미영 팀원   면담자 : 윤영철 팀장

[질문 1] 현재 본인이 하고 있는 업무에 대한 몰입도를 1점~10점 사이에서 몇 점을 줄 수 있나요?

1	2	3	4	5	6	√ 7	8	9	10

[질문 1-1] 나머지 점수를 높이기 위해 팀장이 팀원을 어떻게 도와주길 바라나요?
예를 들어, 면담자인 팀원이 선택한 점수가 7점이라면, 3점을 높이기 위해 팀장이 어떤 일을 도와주기를 바라는지 이야기해보세요.

팀원이 새로 맡은 중장기 전략 수립에 대하여 전문성이 부족하다고 느낌.

- 원활한 컨설팅을 수행하기 위해 구체적인 사례 소개와 프로세스 설명 쪽으로 지원해주길 희망.
- 일주일에 1회 미팅을 통해 CEO와 임원들이 생각하는 바를 공유해주길 희망.

[질문 2] 현재 우리의 협업 분위기를 1점~10점 사이에서 몇 점을 줄 수 있나요?

1	2	3	4	5	6	√ 7	8	9	10

[질문 2-1] 나머지 점수를 높이기 위해 당신이 팀장이라면 무엇을 할 것인가요?
예를 들어, 팀원이 선택한 점수가 7점이라면 3점을 보완하기 위해 어떤 일을 할 것인지 이야기해보세요.

큰 이슈는 없고, 각자 맡은 업무가 바빠서 다른 팀원들과 대화가 많이 없다고 이야기함.

같은 공간에서 일하지만, 각자 역할을 수행하느라 서로 대화가 부족한 것이 아쉽다고 함.

업무와 가정 일로 별도의 시간을 내어 팀 빌딩하기 어려움을 토로. 가능하면 점심시간을 업무의 어려움을 나눌 수 있는 부서 회식으로 활용하면 어떨지 제안.

추후 다른 팀원들의 의견을 확인하고 점심시간 팀 빌딩 시간을 잡기로 약속함.

[질문 3] 본인이 생각할 때 우리 팀의 의사소통은 1점~10점 사이에서 몇 점을 줄 수 있나요?

1	2	3	4	5	6	√ 7	8	9	10

[질문 3-1] 나머지 점수를 높이기 위해 본인이 지원하고 도와줘야 하는 일은 무엇인가요?
예를 들어, 팀원이 선택한 점수가 7점이라면 3점을 보완하기 위해 어떤 일을 할 것인지 이야기해보세요.

기획, 교육과 같이 기능적으로 역할을 나누니 연계성을 갖고 해야 하는 일에서 정보가 누락되거나, 중복하여 인터뷰하는 경우가 생긴다고 이야기함. 이를 방지하기 위해 팀 공유 폴더를 이용하여 HR 기초 데이터와 인터뷰, 이슈 리포트 등을 공유하길 희망함.

일부 자료에서 빠른 정보 업데이트가 되지 않아 낭패를 본 경우가 있어 보완이 필요하다고 이야기함. 정보 업데이트 시간을 정해 규칙적으로 운영하면 어떨까 하는 의견을 제안.

좋은 의견이라 인정하고 이에 대한 공지, 시행을 고민하겠다고 대답.

　

　다음은 동기 파악 대화이다. 이 대화는 상대의 행동을 유발시키는 심리적 동인이 무엇인지를 파악하는 것이 목적이다. 즉, 짜장면 먹고 싶은 사람에게 짬뽕을 100번 사줘봐야 효과가 없다는 뜻이다. 가장 시원한 바람은 자신이 더울 때 부는 바람이다. 남극이나 북극의 바람이 아니고 말이다. 시도 때도 없이 부는 바람은 그저 귀찮을 뿐이다. 보이는 원인보다 느끼는 동기가 더 일할 맛을 부추긴다. 금전적 동기도 중요하겠지만 심리적 동기가 더 강력하다. 돈이나 승진이 논리적이고 합리적인 이유라면, 심리적 일할 맛은 동료와 팀장의 인정, 자기 일에 대한 애정에서 비롯된다.

동기 파악 대화로 팀장과 팀원에게 어떤 동기가 있는지, 어떤 상황에서 어떤 일에 동기를 느끼는지, 그리고 동기를 높이려면 서로 어떻게 지원해줘야 할지를 알 수 있다. 대화 내용은 자신이 어떤 일을 적극적으로 추진한 경험과 그 일에서 느꼈던 동기, 현재 업무에서 겪고 있는 어려움과 고민 등으로 얼개를 짰다.

[질문 1]과 [질문 1-1]에서는 일하면서 기억에 남는 경험과 그 이유를 확인한다. 답변을 통해 팀원이 선호하는 동기를 파악한다. 예를 들어 팀원이 새로운 업무에 도전하고 성취했던 일을 이야기한다면, 면담 대상자인 팀원은 자신의 성취욕과 그에 대한 동기를 갖고 있음을 알 수 있다. 이런 대화를 통해서 상대의 일하는 방법과 직접적인 행동을 일으키는 동기가 무엇인지 파악한다. 아울러 어떤 업무를 했을 때 어떤 보상을 경험했는지를 알 수 있고, 선호하는 업무 특성과 자극되는 보상의 형태를 가늠할 수 있다. 즉, 팀원이 선호하는 업무의 형태가 일상적 업무인지, 도전적 업무인지를 알 수 있고, 더불어 스스로 마음먹게 되는 보상이 칭찬과 인정의 내재적 보상인지, 급여, 복지제도, 인간관계, 회사 정책 등 외재적 보상인지를 알 수 있다. 물론 질문 하나로 수많은 내용을 파악하기는 어렵다. 필요에 따라 팀장과 팀원은 추가적

인 질문과 대화를 통해 선호하는 업무 특성과 자극되는 보상 행태 등을 파악해야 한다. 동기 파악은 관심을 갖고 꾸준히 하는 것이지 로또처럼 행운으로 이루어지는 경우는 없다고 생각한다.

[질문 2]는 팀원이 처한 업무의 상황과 혹시 어려움을 겪고 있다면 동기 저하의 원인이 무엇인지, 동기를 고취시키려면 서로 어떻게 지원할지 등을 파악하는 내용이다. 먼저 [질문 2]에서 팀원이 처한 어려움에 대한 사연을 묻는다. 가능하면 구체적으로 확인한다. 팀장과 팀원은 대화하다 보면 이런 저런 내용을 섞기 마련인데, 가능한 특정한 하나의 사연을 구체적으로 정하고 정리하며 대화한다. 가능하다면 육하원칙에 맞춰 정리하며 대화한다. 그렇다고 형사가 범인을 취조하듯 누가, 언제, 무엇을 등으로 꼬치꼬치 캐내지 않는다. [질문 2-1]은 팀원이 갈등의 원인을 무엇으로 파악하는지 확인한다. 일하는 방법의 차이인 업무 갈등인지, 업무 일정과 절차에 대한 견해 차이로 발생하는 절차 갈등인지, 다른 팀원과 부딪히는 가치관의 갈등인지 등을 파악한다. 보통 모든 갈등은 다 나쁘다고 오해하는데, 업무 갈등이나 절차 갈등은 더 나은 성과를 내기 위해 반드시 살필 필요가 있다. 업무 갈등은 일하면서 생기는 관점이나 방법 등에 대한 의견 차이이다. 이런 갈등은 한쪽으로 의견이 쏠리는 것을 막고, 다양한 방법을 제안하는 분위기에서 생기기 때문에 권장한다. 절차 갈등은 업무 수행에 대한 절차나 일정 등의 차이로 생기는 갈등으로 초기에 정해놓으면 문제가 되지 않는다. 가치관 갈등은 팀원들 사이에 가치관이 달라서 생기는 갈등으로 팀원들 간 교감을 형성하는 계기를 만들어야 한다. 아무튼 [질문 2-1]에서는 팀원이 어떤 갈등에 빠져 있는지, 그 원인은 무엇인지

확인한다. [질문 2-2]는 갈등 해소를 위해 팀원이 어떤 대안을 생각하는지를 청취한다. 팀장은 [질문 2-2]를 통해 팀원이 스스로 갈등을 관리할 결심을 돕는다. 당연한 말이지만, 일하며 생기는 갈등을 직접적으로 해결할 주체는 팀원이고, 팀장은 갈등을 파악하고 지원하는 역할임을 팀원이 깨닫게 한다. [질문 2-3]은 팀원에게 갈등을 관리하도록 독려하는 질문이다. 당장 시도해볼 수 있는 갈등 관리 방법과 추후에 시도할 방법 등을 확인한다. 대화에서 팀장은 본인에게 기대하는 지원 사항을 꼭 묻는다. 강 건너 불구경 하듯이 이야기하면 안 된다. 필요하면 팀원의 갈등에 적극적으로 개입하여 역할을 조정하고, 방법에 대한 견해 차이를 조율한다. 다음은 동기 파악 대화 사례이다.

양식 10-1 동기 파악 대화

면담대상자 : 박미영 팀원   면담자 : 윤영철 팀장

[질문 1] 최근 일하면서 기억에 남는 경험은 무엇인가요? 선정한 이유는 무엇인가요?

이번 임원인사평가제도 고도화를 수행하며, 모호한 구축 방향으로 과제 수행에서 낭패를 볼 뻔했지만 무난히 처리할 수 있어서 다행임.

처음으로 TF 리더로서 수행하며 현장과 컨설턴트 간 관점의 차이 등으로 문제 해결의 나날이었던 기억이 남음.

[질문 1-1] 그 일을 겪으며 어떤 것을 느꼈나요?

같은 일도 입장에 따라 관점의 차이가 있다는 것을 명확히 깨달았음. 시간이 걸렸지만 관점의 조합, 업무 배분 등에서 많은 경험을 할 수 있어서 좋았음. 프로젝트를 시작하기 전에 충분한 검토 시간을 갖고 준비해야 한다는 것을 배웠고, 의욕만으로 덤볐다가는 의견 조율에 많은 시간을 투입하게 된다는 것을 느꼈기 때문에 선정했음.

[질문 2] 현재 업무에서 겪고 있는 어려움과 고민은 무엇인가요?

큰 고민은 아니지만, 현업과 임원의 요구 사항이 점차 복잡해져 일일이 대응하는 것에 많은 시간이 소요됨.

특히 임원 개별로 인터뷰하는 것에는 많은 시간과 노력이 들었음.

[질문 2-1] 갈등의 원인을 무엇으로 파악하고 있나요? (갈등의 종류와 문제가 무엇인지 파악)

이유는 2가지라 생각됨. 하나는 임원별로 처한 상황과 요구 사항이 다양하기 때문이고, 아직 업무 실력과 경험이 부족하기 때문이라고 판단함.

[질문 2-2] 갈등을 해소하기 위해 본인은 어떻게 할 생각인가요?

임원 평가 뿐 아니라 인사와 관련된 다양한 상황과 현업 요구 사항을 유형별로 분류하여 공통된 답변을 준비하면 어떨지 고민 중임.

현업의 무리한 요구는 팀장 님께서 차단해주시기 바라며, 추가적으로 외부 전문 교육을 받길 바람.

[질문 2-3] 그중에서 본인이 직접 시도할 수 있는 방법이 무엇인가요?

앞서 이야기한 대로, 다양한 평가제도, 교육, 경력 개발 등에 대한 이슈를 선정하고 이를 바탕으로 답변과 처리 방안을 정리할 생각임. 이와 관련된 외부 전문가를 활용한 전문적 가이드 지원을 기대함.

동기 파악 대화로 팀원은 자신이 동기 저하된 원인을 정리하고 스스로 해결책을 모색하는 계기가 되고, 팀장은 팀원에게 지원할 사항을 알 수 있다. 물론 팀장이 팀원의 고민을 모두 해결할 수는 없다. 팀장의 권한 내에서 해결할 수 있는 고민은 즉각 지원하고, 팀장의 권한 밖 고민은 임원이나 CEO와 의논하여 왜 처리가 어려운지에 대한 이유를 설명할 수 있다. 이런 노력에서 팀장과 팀원 간 관계는 신뢰를 갖게 된다고 나는 생각한다. 이렇게 하면 꿀 먹은 벙어리 같은 팀장, 회신 없는 팀장이 아닌 훨씬 나은 상담자이자 좋은 커뮤니케이터가 될 수 있다. 되는 건 "된다.", 안 되는 건 "안 된다."라고 솔직하게 말하는 편이 더 낫다. 중요한 것은 팀장과 팀원이 서로의 동기를 명확히 파악하고, 이를 관리하여 스스로 실력을 키울 생각을 할 수 있게 일하는 분위기를 조성하는 것이다. 사실 우리의 동기는 생존의 배고픔보다 경쟁의 배 아픔에 더 좌우된다. 특히 팀원은 스스로 남들과 똑같이 대우받지 못한다고 생각하면, 팀장의 리더십과 팀원의 팔로워십 사이에 틈이 생겨 신뢰가 깨진다. 한마디로, 같이 일하지만 같은 마음이긴 힘들다. 그러니 대화하자.

상대의 동기를 모르면 서로가 가해자이자 피해자이다

업무 분위기 및 동기 파악 대화는 대화 준비하기, 대화 실시하기, 기록하기의 3단계로 진행한다.

우선 원활한 대화를 위한 준비가 필요하다. 면담 준비는 앞서 설명한 시트인 업무 분위기 대화, 동기 파악 대화의 질문을 준비하는 것도 중요하지만, 말문을 열기 위한 가벼운 스낵토크거리를 먼저 챙기자. 말문을 여는 대화거리가 뭐 그리 중요할까 싶지만, 어떻게 시작하느냐에 따라 대화의 흐름이 바뀐다. 예를 들어 "바쁘죠?"라고 질문하면 상대의 답변은 업무량이 얼마나 많은지, 어떤 어려운 일을 처리하는지에 대한 내용으로 흐르기 마련이다. 긴장을 해소하고 서로를 더 잘 알 수 있는 대화거리는 중요하다. 수다도 실력이다. 말문을 열고, 대화의 흐름을 원활히 하는 대화거리에는 주요 관심사, 성취감을 얻은 경험, 긍정적 변화, 협업의 경험, 자기효능감 경험, 가치관을 파악하는 질문 등이 좋다. 말문을 여는 대화거리와 함께 팀장과 팀원은 서로 면담 시간, 장소 등을 정한다. 면담을 약속하며 면담에 대한 주제와 관련된 업무 분위기 또는 동기 파악 대화 양식도 사전에 공유한다. 팀장은 팀원이 미리 작성한 내용을 받는다. 팀원의 답변을 미리 알고 있으면 대화는 안정적으로 운영될 수 있다. 대화하다 보면 간혹 주제에서 벗어날 수 있는데, 이런 경우를 대비하여 템플릿을 바탕으로 운영하는 만큼 팀장과 팀원은 핵심을 벗어나는 주제는 별도의 대화 시간을 갖도록 하고 따로 기록한다. 따라서 가능하면 팀장은 팀원에게 대화 양식을 사전에 송부하고 미리 제출하도록 안내한다.

다음은 본격적인 팀장과 팀원 간 대화이다. 업무 분위기 대화에서는 업무 몰입도, 팀워크, 의사소통의 현황을 파악하고, 이에 대한 팀원의 의견을 청취한다. 동기 파악 대화에서는 팀원의 긍정적 업무 경험과 그 경험에서 느낀 점을 청취하여 팀원의 긍정적 정서를 높여준다. 또 현재 업무의 고민, 해결하고자 하는 방향과 의견, 지원 요청 사항 등을 파악한다. 동기 파악 대화를 통해 팀장과 팀원은 서로의 업무에 대한 가치관을 이해할 수 있고, 어떨 때 일하고 싶은 의욕이 생기는지, 어떤 지원 사항이 필요한지 등을 파악할 수 있다. 팀장은 팀원의 대화 점유율이 70% 이상 되도록 유도한다. 즉 팀장은 할 말이 있어도 잠시 보류하고, 가능한 팀원이 의견을 많이 내도록 질문하고 경청한다.

끝으로 기록하기이다. 대화만으로 업무 분위기와 동기 파악이 끝난 것은 아니다. 서로를 이해하고, 신뢰를 구축하는 대화를 위해서는 형식보다 대화 후에 서로가 어떤 노력을 기울이는지가 중요하다. 즉 대화의 형식보다 대화의 내용을 실천하려는 정성이다. 대화 중 팀장이 팀원과 서로 공감하고 빠른 해결이 가능한 문제는 면담 종료 후 바로 실천하자. 시간이 필요한 이슈는 여유를 두고 처리 방법과 후속 절차 등을 반드시 공유한다. 즉, 해결이 가능한 이슈는 방법, 기한 등을 명확히 공유하고, 해결이 불가능한 이슈는 오해가 없도록 왜 불가능한지, 어떻게 파악하고 누구와 의논했는지 등을 공유한다.

간혹 어떤 팀장은 뭔가 해결하는 모습을 보여줘야 한다는 부담감으로 대화를 회피하고, 어떤 팀원은 이야기해봐야 뻔한 대답을 들을 것이라는 생각에 대화를 거부한다. 우리끼리 이러지 말자. 어려운 상황에서 상대에게 자신의 뜻을 관철시키고 싶은 만큼, 팀장과 팀원이 서로 얼마나 노력하고 상대의 의견을 배려하는지가 중요하다. 팀장도 팀원도 서로 심리적 불편함을 해소하려는 노력이 필요하다. 얼마 전 교육생으로부터 장문의 문자를 받았다. 내용은 자신이 그동안 수동적인 회사 생활로 인해 상사와 사이가 껄끄럽게 되었다는 내용이었다.

"안녕하세요, 강사님. 어제 교육 들은 사람입니다. 교육 중 자신이 겪고 있는 현장 고민 말하기 시간에 말씀드리지 못했는데, 의논드리고 싶어 문자 보냅니다. 저는 근속연수 4년이 넘고 총무지원 업무를 하는 직장인입니다. 그동안 일하면서 수동적이고 방어적으로 한 거 같아 아쉬움이 많습니다. 저의 수동적이고 방어적인 태도로 인해 상사는 저에게 부정적인 인식을 갖고 계세요. 물론 상사는 저에게 아니라고 말씀하시지만 왠지 찍힌 듯한 느낌이 듭니다. 하지만 저는 제 안의 열정을 믿습니다. 어떻게 해야 직장 상사에게 좀 더 어필할 수 있을까요? 제 고민은 부정적 인식을 갖고 있는 상사에게 저를 어떻게 어필할까

입니다. 일단은 지금부터 새로 태어났다 생각하고 다시 시작하려고 합니다. 일을 잘하고 제대로 하고 싶어요. 저, 지금부터 다시 시작해도 되겠죠?"

교육생이 보낸 장문의 문자에 필자는 "적당히 오버하고 꾸준하라." 고 대답했다. 새로운 모습을 보여주려는 욕심으로 처음부터 많은 행동을 거창하게 보여주기보다, 스스로 최소 3개월간 지킬 수 있는 행동을 스스로 정하고, 팀장에게 앞으로 3개월간 지켜봐달라고 대화해보라는 뜻이었다. 예를 들어, 9시까지 출근이면 오버스러운 행동은 30분 전에 출근하는 것이고, 적당한 오버는 15분전까지 출근하는 것이다. 팀장과 팀원이 처음부터 서로 동기를 파악하고 손발이 척척 맞으면 좋겠지만 그러기 쉽지 않다. 일이 많고 사람에 치이니 서로 힘들고 어렵다. 그러다 보니 가까이 있는 팀장과 팀원은 서로 배려하지 못하고 존중하지 못한다. 이해해 줄 것이라 믿고 말이다. 이렇게 팀장과 팀원이 서로의 마음과 동기를 알지 못한 채 일하면 결국 우리끼리 서로 불만이 쌓이고 속상해한다. 결국 서로 야속하다 원망하고 갈등이 생긴다. 팀장과 팀원이 서로의 동기를 모르면 서로가 상대의 가해자이고 피해자가 된다. 그러니 우리끼리 원망하지 말고 대화로 풀자. 서로 연민을 갖고 배려하자. 아무리 회사에서 만난 사이라도 팀장과 팀원은 복잡하고 다층의 마음을 가졌으니 서로에게 조금만 더 친절히, 조금만 더 배려하자. 그래서 팀장과 팀원 간 업무 분위기와 동기 파악 대화가 필요하다. 관건은 서로가 팀의 목적을 달성하기 위해서 잘 참여하도록 유도하는 것이다. 그러니 대화하자. 대화로 풀지 못할 문제는 없다고 생각한다.

11
성장하며 일하고 싶다면

업무 교과서를 만들고
자기성장보드를 챙기자

경력의 사다리에서 정글짐으로

평생직장이란 말이 사라지고 있다. 평균 근속기간은 점점 짧아지고 퇴직하는 나이는 젊어지고 있다.[21] 회사에서는 중장기 인력 계획에 근거한 교육보다 단기 교육과 현 직무에 대한 교육에 집중한다. 그래서일까? 회사에서 전문가로 육성시키는 경력개발 교육은 줄고, 개인이 자신의 경력을 챙기고 있는 듯하다. 결국 교육의 주체와 내용이 회사의 필수 교육보다 개인의 선택 교육으로 이동하는 듯하다. 전문가와 주요 컨설팅 업체들도 지금까지 개인이 하나의 직무를 오랫동안 수행하는 형태에서 앞으로는 다양한 직무로 옮겨가고 개인이 스스로 실력을 키워야 한다고 주장한다.《일의 미래(린다 그래튼, 2012)》라는 책에서 앞으로 개인이 여러 직무로 옮겨 탈 것을 예상했는데, 이 모양이 마치 여러 개의 S자가 누운 것처럼 파도가 밀려오는 모습이라고 했다.[22]

글로벌 컨설팅 회사인 딜로이트 컨설팅은 예전에는 개인이 인사관리, 재무회계, IT시스템, 마케팅, 영업 등 하나의 직무에서 전문가로 성장하던 시기였는데, 이제는 여러 업무가 혼합형으로 섞인 업무가 늘어날 것이라 예상했다. 예를 들어 영업직무가 아닌 고객경험설계가, 생산전문가가 아닌 프로덕트 오너와 같은 업무로 말이다. 하나의 직무를 수행하는 것이 아닌 하나의 직무와 다른 직무가 섞인 혼합형 직무가 생겨나고 있다는 의미이다. 이런 변화에서 개인은 미래의 일을 대비하여 스스로 자신의 경력 경로를 수립하고 챙길 것을 딜로이트사는 제안했다.[23] 정리하면 예전에는 하나의 직무를 선택하고 회사의 안내에 따라 초급, 중급, 고급이라는 경력의 사다리를 오랜 기간 동안 올라갔다면, 앞으로는 여러 직무가 섞인 혼합형 직무를 스스로 선택하고 알아서 개발하는 경력의 정글짐(Jungle gym) 환경에 처한 것이다. 결국 자신의 실력은 본인이 직접 챙겨야 한다. 그렇다면 자신의 경력과 일하는 실력을 어떻게 챙기고 해석해야 할까?

이런 변화에 대해 진로상담 분야의 최고 권위자인 존 크럼볼츠(John D. Krumboltz)는 '계획된 우연 이론'을 주장했다. '계획된 우연 이론'은 개인의 진로가 예상하는 계획보다 우연적 요소에 의해 영향을 받고, 개인의 태도에 따라 달라진다는 내용이다. 즉, 개인의 평생에 걸친 진로가 우연히 발생한 사건으로도 긍정적인 영향을 받을 수 있으며, 이러기 위해서는 개인에게 '계획된 우연'이라는 기술이 필요하다는 것이다. 여기서 말하는 '계획된 우연'의 기술은 우연한 사건을 맞이했을 때 개인에게 필요한 태도를 일컫는 말로 낙관성, 유연성, 호기심, 인내심, 위험 감수라고 했다.[24] 돌이켜 생각해보면 살다가 생각지도 못한 순간에 생각지도 못한 사람과 만나 자신의 진로가 결정되었던 경험이 있을 것이다. 그런 순간에 얼마나 긍정적으로 받아들이려 노력했는지 떠올려보자. 하기야 회사에서 어떤 일을 맡을지 원하는 대로 이루어지지 않는 것은 굳이 이론이 아니더라도 잘 알고 있을 것이다. 결국 각자가 처한 상황을 긍정적으로 해석하고 헤쳐나가야 한다는 삶의 지혜를 학문적으로 증명한 것이라고 본다. 내가 처한 상황은 변하지 않는다. 다만 상황을 받아들이는 나의 해석과 태도가 달라질 뿐이다.

회사가 우리의 경력과 실력을 챙겨줄 것이라는 기대는 버리고 스스로 챙기자. 자기 일에 대한 정보와 기본을 스스로 업데이트하고 일하는 방법을 학습하자. 주위에서 일어나는 우연한 상황이 자신의 실력에 어떤 도움이 되는지를 살피고, 실력을 키우는 성장보드를 만들어야 한다. 자신의 경력과 실력을 개발하는 방법은 '업무 교과서'와 '자기성장보드'이다. 그럼 하나씩 살펴보자.

팀의 업무 교과서를 만들자

팀장과 팀원이 함께 일의 기본을 공유하는 '업무 교과서'를 만들자. 아무리 능력과 스펙이 뛰어난 선수라도 경기에서 세트플레이가 되지 않으면 승리를 얻기 어렵듯이, 팀장과 팀원은 업무에 대한 생각과 단계 등이 일치해야 한다. 혼자서 개인기로만 승리할 수 있다고 생각한다면, 자신은 그저 팀에 속한 것이지 팀으로 경기하고 일하는 것이라 볼 수 없지 않은가. 팀으로 일하기 위해서는 팀 업무 교과서가 필요하다. 업무 교과서는 단계별 업무와 일하며 지켜야 하는 규칙 등 팀으로 일하는 기본 방법 9개로 구성된다. 업무에 대한 개념, 핵심 업무, 업무 수행 원칙, 업무 실행 단계, 업무 관리 포인트, 업무의 점검 사항, 업무의 성과지표, 업무 경험 학습, 용어와 약어 등으로 구성된다.

먼저, 업무에 대한 개념이다. 우리 팀의 업무 고객을 구분하고, 고객별로 어떤 가치를 제공해야 하는지 설명한다. 즉, 고객별로 어떤 업무를 수행해서 제공하는지 고객 가치를 정한다. 예를 들어 우리 부서가 마케팅팀이라면, 국내외 시장 및 고객의 니즈와 경쟁사 정보를 수집하고 분석하여 경쟁사와 차별화된 제품 판매 전략을 수립해야 한다. 마케팅팀의 실행 사항을 분석해 리딩하고 지원하는 활동이라고 정의한다.

다음은 핵심 업무이다. 업무(Job)의 세부업무(Task)를 나누어 정리해야 한다. 집중적 관리가 필요한 1년 단위의 업무로 나누며, 이때 세부업무는 다섯 가지 내외로 나누는 것이 좋다. 마케팅 업무를 예로 들면, 마케팅의 핵심 업무는 국내외 시장의 니즈 분석, 경쟁사의 동향 파악, 마케팅 전략 수립, 영업 활동 분석 및 지원 활동으로 나눌 수 있다. 핵심 업무는 연간 목표 수립 때 반영한다.

업무 수행 원칙은 업무 수행 시 지켜야 하는 기본 원칙을 가리킨다. 다시 말해 자신의 책임 업무와 수행할 역할이다. 단순히 일을 처리하는 방법보다 일의 핵심 성공 요인을 정리하고, 성공 요인을 강화할 방법을 정리한다. 마케팅 업무라면, 팀원이 생각하는 마케팅의 책임과 역할을 정리하게 한다. 대략 서너 가지 역할을 수행한다면, 마케팅의 수행 원칙을 세 가지로 정리하게 한다. '첫째, 영업 활동을 계획하고 지원하며 코칭한다. 둘째, 현명하고 시장 지배력을 높이는 영업 활동

인프라를 구축한다. 셋째, 영업 경쟁력을 제고한다.' 하는 방식이면 되겠다.

업무 실행 단계는 핵심 업무를 진행하며 이해관계자와 일을 주고받는 단계로, 이때 공유하는 정보를 정리한다. 일반 업무 프로세스와 다른 점은 혼자 일을 처리하는 단계가 아닌 이해관계자와 업무 정보를 주고받는 단계라는 것이다. 다시 말해 일을 주도하는 담당자와 일의 협조를 구해야 하는 협조자, 의사결정을 내리는 의사결정자 사이에 주고받아야 하는 정보와 결정 사항을 정리한다. 가능하면 도식화해서 업무 흐름을 파악하고 정보와 결정된 사항이 빠지지 않도록 한다.

업무 관리 포인트는 자신의 핵심 업무에서 반드시 관리해야 하는 주요 활동을 정리한다. 마케팅 업무에서 자신의 주요 업무가 '시장 고객의 정보 수집 및 분석'이라면, 주요 활동은 '시장 고객 수집 정보를 종합적으로 입수하는 사내외 채널을 확보해 선제적으로 시장 고객의 트렌드를 파악하고 제시하며 점검하는 것이 중요하다' 정도가 되겠다.

업무의 점검 사항은 업무 관리 포인트가 정리되었다면 이를 바탕으로 한 질문 형식의 '업무 체크리스트'를 만들면 된다. 이 체크리스트를 만들어두면 선배는 불필요한 점검을 줄일 수 있고, 후배는 스스로 점검하며 업무의 중점 관리 포인트를 익히는 데에 활용할 수 있다. 이는 반드시 1년에 한 번 업데이트해야 한다.

업무의 성과지표는 업무를 수행하며 관리하는 성과관리지표이다. 주로 인사 평가에 나왔던 핵심성과지표나 상사가 중시하는 지표 등이다. 지표는 산출식으로 적고, 지표를 계산할 때 필요한 데이터의 출처를 정리한다.

업무 경험 학습은 이전에 팀에 있었던 업무의 사건, 사고와 그에 대한 처리 방법, 그리고 고객의 불편, 불만에 대한 대응 방법을 정리한 것이다. 정리는 사건, 사고와 고객 불만, 불편에 대한 개요, 주요 이슈, 처리 사항, 이로 인해 보완된 프로세스 또는 주요 결정 사항, 담당자의 느낀 점 등으로 이루어진다. 일종의 사례집이다. 만약 처리하지 못한 사항이 있다면 왜 처리가 안 되었는지 사유를 알 수 있고, 추후에 개선이 가능하다.

끝으로 업무의 용어/약어는 일하며 빈번하게 사용하는 단어와 표시들이다. 업무의 용어와 약어는 분명 만들어진 이유와 유래가 있고, 이를 사용하여 서로가 소속감을 높이며, 시간과 노력을 줄여주는 효과가 있다. 다만, 이런 용어와 약어의 사용은 분명 다른 팀이나 최근 입사한 경력사원, 신입사원들에게는 장벽으로 느껴질 수 있기 때문에 가능한 사용을 자제하거나 사용한다면 분명한 목적이 있어야 한다. 다음은 마케팅팀에서 활용할 수 있는 마케팅 업무 교과서를 사례로 간략하게 정리했다. 당연히 회사마다 마케팅 업무의 역할과 책임, 업무 내역이 다르니 이를 감안하기 바란다.

마케팅 및 영업 업무 교과서 구성

마케팅 업무에 대한 정의	핵심 업무	업무 수행 원칙
• 마케팅은 시장 및 고객의 니즈와 원츠를 파악하고 시장 정보 등을 수집하고 분석하여 차별화된 제품 영업 전략을 수립하고 실행하는 일련의 활동이다. ······ [생략]	마케팅의 주요 업무 3가지 • 시장, 경쟁사 분석 • 연간 마케팅·판매 전략 수립 • 영업 지원 및 관리 ······ [생략]	마케팅은 다음 원칙을 반드시 지킨다. • 마케팅은 영업 및 판매를 리딩, 지원, 점검한다. • 마케팅은 이익을 창출하는 영업이 되도록 영업 인프라를 구축한다. • 마케팅은 영업사원의 판매 경쟁력 제고를 지원한다. ······ [생략]
핵심 업무별 실행 단계	핵심 업무별 관리 포인트	업무별 점검 사항
• 마케팅은 고객 및 시장 분석, 마케팅 전략 수립, 영업 계획 및 운영 방안 수립, 차기 전략 수정 보완의 4단계로 진행한다. • 각 단계는 영업 정보와 주요 데이터를 중심으로 디테일하게 수립한다. ······ [생략]	• 마케팅은 고객, 시장, 영업 성과, 매출채권 등의 정보를 관리한다. • 시장, 고객 등의 데이터와 시사점 • 마케팅 전략 실행과 추진 현황 • 영업 실적 및 주요 과제 개선 현황 • 영업 실적 및 분석 공유 • 영업 지원 활동 수준 • 매출채권 관리 ······ [생략]	• 시장 및 환경 분석, 영업 전략 수립, 영업 운영 및 지원 등에 관한 포인트는 다음과 같다. • 고객, 시장에 관한 정보는 다양한 채널을 통해 확보하고 있나? • 영업 성과를 달성하기 위한 영업 전략을 구체적으로 수립하고 공유하고 있나? ······ [생략]

업무 성과지표	업무의 경험 학습	용어와 약어
• 매출액, 영업이익[판매 실적 집계 보고 및 분석 보고에서] • 영업이익률 및 영업이익 오차율[판매가격에 따른 영업이익 시뮬레이션] • 고객별 영업 활동 만족도[영업 관련 종합 보고에서] • 매출 채권 회수율 [고객별 여신관리 및 관리 방안 보고에서]	• 악성채권 발생 시 대책 방안 [2021년 연말 채권 관리 방안 보고 참고] • 긴급 발주 시 생산과의 마감 회의 운영안[2022년 6월 임원 회의 안건 참고] • VIP 고객사별 주요 클레임 처리 방안[2020년 본부장 주관 회의 참고]	• 그린/블루/블랙채권−여신 기준 기간에 따른 구분으로 규모와 기간에 따라 악성채권은 블랙으로 구분하고 별도 보고한다. • FM미팅−고객사와의 현장 방문 미팅을 가리킨다. FM 미팅은 영업일지로 정리하여 공유한다. • 판가−판매가격의 줄임말 • 시황−시장상황의 줄임말
······ [생략]	······ [생략]	······ [생략]

커리어의 파도를 넘는 자기성장보드

앞서도 말했듯이 한 직장에서 한 가지 업무만 할 수 있다면 경력 개발의 험난한 파도를 타기 위한 성장보드는 필요치 않다. 하지만 흔들리는 수많은 직무의 파도 속에서 자신이 기대하는 행복한 직장생활을 누리기 위해서는 자기 실력을 키우는 성장보드가 있어야 한다.

자기성장보드는 자신의 가치체계와 목표체계로 이루어진다. 자신의 가치체계는 자신이 일하는 이유인 일의 의미와 평소 자신이 행동하고 일할 때 지킬 좌우명이다. 일의 의미는 자신이 일하는 이유와 이루고자 하는 가치들로 정한다. 일하는 이유가 자신의 먹고사니즘을 이루기 위한 경제적 수단이든, 사회에서 자신을 표현하고 사회와 소통하는 수단이든, 어떤 일에 대한 자신의 사명감이든 반드시 스스로 정한다. 다른 사람이 정해놓은 있어 보이는 이유보다 스스로 선택한 일의 의미가 험난한 사회에서 나를 지키는 버팀목이 될 것이다. 어떤 이유이든 이유가 없는 것보다 만들어둔 자신만의 이유가 나를 지켜줄 것이다. 필자는 가족에게는 경제적 안정감을 제공하기 위해 일하고, 독자에게는 새로운 일하는 방법과 성장하는 방법을 공유하기 위해 집필하며, 자신에게는 즐겁고 재밌게 살기 위해 일한다.

　가치체계의 다른 요소인 좌우명은 나의 일하는 태도와 의사결정의 판단 기준이 된다. 이는 어떤 상황에 처할 때 어떻게 하는 것이 좋을지를 판단하는 기준이다. '이렇게 일해야지' 하는 마음을 다짐하게 만드는 역할을 한다. 필자는 평소 집필하고 강의할 때 정성을 다하는지가 중요한 기준이다. 즉, 필자의 좌우명은 '정성을 다하나?'이다. 목표체계는 비전, 업무 습관으로 이루어진다. 비전은 3년 내 자신이 어디까지 성장할지를 나타내는 목적지와 같은 역할을 한다. 그래서 비전은 자신이 3년 내 성장하고자 하는 목표로 구성한다. 일의 의미를 정할 때는 이루고자 한 가치들의 성취 여부와 성장하려는 영역과 수준을 포함시킨다. 만약 자신이 '인사관리 전문가로 성장하기'로 정한다면, 인사관리 자격증을 취득하거나 인사관리 석사 학위 취득 등을 비전에 넣는다. 즉, 비전은 자신이 지향하는 일의 의미가 이루어졌는지를 확인하는 역할을 한다. 업무 습관은 비전을 달성하기 위한 구체적이고 바람직한 행동이다. 즉, 자신이 3년 내 목표를 이루기 위해 매일, 매주 또는 매월 실천할 행동이다. 필자의 비전은 2025년까지 직장인의 일하는 방법과 성장하는 방법에 관한 책을 총 6권 집필하는 것과 매년 600

시간 강의하기, 준전문가 수준의 취미 2개 갖기, 매년 200만 원 기부하기, 파트너 강사 3명 만들기, 체지방율 15% 유지하는 것이다. 이를 위한 업무 습관으로 매일 1시간 이상 집필하기, 매월 마케터와 고객사 이슈 연구하기, 매주 1회 이상 강의 복기하기, 2주에 한 번 이상 취미 활동하기, 월 1회 재능 기부하기, 업무 파트너들과 강의 주제 토의하기, 주 3회 이상 2시간 운동하기 등으로 업무 습관을 정했다. 다음은 필자의 자기성장보드 사례이다. 참고로 팀장과 팀원 여러분도 한번 작성해보길 권장한다.

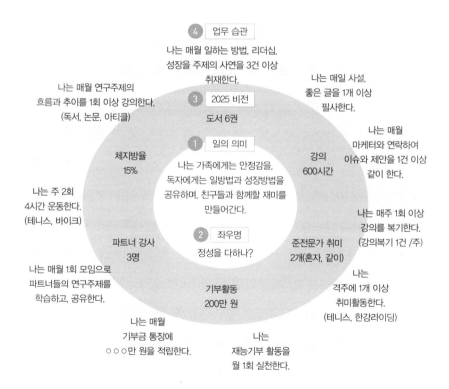

사례 11-2 윤영철 2025년 자기성장보드

인생은 내력과 외력의 싸움

"모든 건물은 외력과 내력의 싸움이야. 바람, 하중, 진동…… 있을 수 있는 모든 외력을 계산하고 따져서 그것보다 세게 내력을 설계하는 거야. 인생도 어떻게 보면 외력과 내력의 싸움이고, 무슨 일이 있어도 내력이 있으면 버티는 거야."

제각기 상처와 트라우마를 하나씩 갖고 있는 인물들이 서로의 관계를 통해 극복하고 치유하는 드라마로 유명했던 〈나의 아저씨〉의 대사이다. 팀장인 박동훈 부장(이선균)은 팀원인 이지안 씨(이지은)에게 어려움과 고난에 매몰되지 말고 끊임없이 자기 길을 찾길 바라는 마음으로 대하지 않았을까 싶다. 우리는 누구나 행복하고 싶고, 어디에서도 무시당하지 않고 존중받길 바란다. 당연히 그러해야 하지만 일하다 보면 막돼먹은 사람들과 맞닥뜨릴 수 있다. 그런 상황과 사람을 만나지 않더라도 존중받고 행복하고 싶다면 자신의 실력과 경력을 가꾸자. 그러려면 스스로 자신을 작품이라 여기고 수많은 손길과 노력을 기울여야 한다. 자신이 자신을 갈고 닦아 작품으로 만들지 않으면 누가 나를 작품으로 만들어주겠는가? 하나의 명작이 만들어지려면 장인의 수많은 노력이 필요하고, 세상이 알아주든 말든 묵묵히 자기 길을 가며 관심을 기울여야 하는 것은 명확한 사실이다. 자기 자신을 작품으로 만들지, 싼 가격에 넘기는 하찮은 상품으로 만들지, 여느 물건과 똑같은 흔한 제품으로 만들지는 자신의 손에 달렸다고 생각한다.

12
눈에 띄고 똑똑한 보고서를 쓰려면

/

팀장은 퍼실리테이팅하고,
팀원은 보고서로 대답하자

팀장은 답답하고, 팀원은 막막하다

팀장은 보고서를 읽고 나니 인사평가제도를 어떤 식으로 해야 할지 답답했다. 팀원이 다른 팀의 의견을 조사하여 인사 평가에 대한 불만을 인터뷰로 정리한 보고서는 무엇을 주장하는지 메시지를 이해하기 힘들었기 때문이다. 인터뷰 문답의 나열, 다른 회사 인사평가제도의 벤치마킹 내용으로 가득 채운 보고서. 그래서 뭘 어쩌자는 건지 의견은 없다.

팀원은 보고서를 작성하는 내내 막막했다. 어차피 자기 하고 싶은 대로, 임원이 시킨 대로 할 인사평가제도 개선이니 그냥 말해주면 되는데, 팀장은 자꾸 그래서 어쩌자는 것이냐고 묻고 보고서로까지 제출하라고 했기 때문이다. 인사 평가의 불만과 어려움을 조사한 데이터와 다른 회사의 인사 평가 운영의 실태를 보고하면 의견을 밝히라고 하고, 그래서 절대평가를 실시하자고 말하면 괜찮겠냐고 재차 물어보고, 상대평가의 장점을 바탕으로 현 인사평가제도의 유지를 말하면 그 방법이 괜찮겠냐고 물어보니, 어쩌라는 건지 갑갑했다. 인사평가제도 레벨 업을 위한 회의에서 팀장은 인사평가제도의 목적과 방향을 다시 스탠딩 코미디처럼 혼자 묻고 혼자 답하고 있다. 팀원은 속으로 하자는 건지, 말자는 건지 헷갈려 할 뿐이다.

팀장은 팀장대로 자기 일처럼 고민하지 않는 팀원들이 야속했고, 팀원은 60차례 이상 보고서를 수정하며 미치기 일보 직전이었다. 팀장과 팀원 간 사이에는 '보고서'라는 '불통의 선'으로 가로막혔다. 왜 이리 보고서 쓰기가 힘들까?

우선, 파워포인트 보고서는 형태가 옹색하다. 보고서에 필요한 것이 없거나 부족하다. 대부분 보고서는 파워포인트 같은 양식으로 만드는데, 보고서의 내용과 스타일이 작성하는 팀마다 다루는 자료에 따라 다르다. 물론 일부 회사는 사내에서 공통으로 정한 형식을 사용하지만 흔히 사용하는 파워포인트는 기본적인 제약이 있다. 이 형식에는 상단의 제목과 하단의 여러 개로 된 작은 문단이나 글머리 기호로 표시한 짧은 목록, 그리고 그래픽이나 그림 등으로 이루어져 있다. 그래서 신문기사처럼 작은 글씨로 많은 내용을 담으면 발표 자료로 적합하지 않고, 스티브 잡스의 발표 자료처럼 커다란 글씨로 정중앙에 내용을 키워드 중심으로 적으면 근거나 설명이 부족하여 회의 자료로 활용하기 어렵다. 결국 파워포인트는 수많은 생략과 왜곡이 발생되곤 한다. 그러다 보니 주장하는 의도나 메시지를 팀원에게 물어보게 된다. 우리는 발표 자료이자 동시에 추가 설명이 필요 없는 보고서 형태가 필요하다.

다음으로, 파워포인트 보고서의 순서가 지루하다. 준비된 파워포인트는 순차적으로 발표하는 슬라이드라서 보고서를 읽거나 듣는 상사는 자신이 궁금한 것이 있어도 해당되는 자료와 장표가 나올 때까지 기다려야 한다. 발표를 듣고 있는 내내 자신이 알고 싶은 내용은 언제 나오는지 궁금할 뿐이다. 참을성 있는 팀장은 끝까지 기다리고, 그렇지 못한 팀장은 대부분 발표 중간에 결론이 무엇인지 묻게 된다. 팀장은 결론을 묻고, 팀원은 상황과 단계를 설명하다 보면, 듣고 읽는 팀장과 발표하는 팀원 사이에 대결구도가 생겨버린다. 마치 교사와 학생 간의 숙제 검사처럼 말이다. 우리는 순차적으로 진행하는 슬라이드 형식이 아닌 생각과 아이디어를 섞는 보고서의 구성이 필요하다.

그 다음, 파워포인트 보고서는 양이 많다. 슬라이드 한 페이지가 메시지 1~2개를 증명하는 그래프나 사진 등으로 구성되는데, 이렇게 하다 보면 문제 하나에 대한 다양한 관점이 아니라 관점 하나를 기술하면서도 많은 장표를 작성해야 한다. 한 가지 문제에 대한 현황 및 문제점 파악, 대안 제안 등을 나타내기 위해서는 많은 수의 슬라이드를 보고서에 작업한다. 예를 들어 전년 대비 동기 매출액이 떨어졌다면, 'A 제품의 매출액이 전년도 동기 대비 5%가 떨어졌다.'는 현황을 나타내는 메시지와 근거를 나타내는 그래프를 동시에 삽입한다. 메시지와 그래프와 그림의 삽입은 보고 자료를 작성하는 데 많은 시간을 들이게 한다. 보고서 하나에 3~4개의 대안을 주장하면, 대안 하나에 최소 10여 장, 많게는 몇십 장의 슬라이드를 사용해야 하기 때문에, 결국 보고서는 최소 30~40장을 훌쩍 넘는 양이 되어 효율적이지 못하다. 문장 하나가 제목, 부제목, 그래프, 메시지 등으로 구성되니 무겁다. 우리는 집중할 수 있는 적은 양의 보고서가 필요하다.

끝으로, 보고서 작성 중 종종 컴퓨터에 뜨는 '블루 스크린'은 악몽이다. 블루 스크린은 "PC에 문제가 발생하여 다시 시작해야 합니다." 하는 메시지 화면을 말한다. 만약 늦은 밤 회의실에서 혼자 보고서를 쓰다가 저장도 하지 않았는데 블루스크린이 뜨면, 좀비보다 무서운 상황이 벌어진다. 그런 상황이 되면 팀원은 혼자서 머리를 쥐어뜯으며, 내가 뭘 잘못했는데 이런 고난과 역경에 빠지는가 하는 괴로움으로 자책하게 된다.

파워포인트 보고서는 의사결정에 필요한 세세한 정보의 누락과 생략 가능성, 순차적 슬라이드 구성으로 발생하는 지루함, 종합 대책이 되기에는 지나치게 많은 양, 돌발적인 블루스크린 문제 등으로 우리에게 난감함을 안겨줄 뿐이다. 최근 여러 회사들이 이런 보고서의 문제 해결에 다양한 시도를 하고 있다. 파워포인트 형식에서 벗어나 문장으로 구성된 서술형 보고서도 등장하고, 상황 보고서, 회의 보고서, 행사 보고서 등과 같이 상황에 맞는 간략한 형식의 보고서도 등장하고 있다. 대표적인 사례로 아마존(Amazon)의 '6페이지 내러티브'가 있다.

6페이지 내러티브는 "문서의 최대 분량은 6페이지로 하되 포맷에 극단적인 트릭을 쓰지 말 것. 상세 정보나 보충 자료는 부록으로 첨부할 수 있지만, 회의 자리에서는 읽지 않아도 무방한 내용이어야 한다."[25]라는 표준 작성 원칙을 강조하고, 형식은 에세이와 같은 서술형 문서이다. 또 다른 방법으로 도요타는 '엑셀 1'이라는 A3 크기 한 장으로 정리하고 보고하는 방법을 교육하고 활용한다고 한다. 그런데 A3 크기라면 A4 4장의 면적인데, 그럼 1장이 아닌 4장 보고서가 아닌가 싶다. 이걸 응용하면 A0 크기(A4의 16배)로 보고서를 쓰고 한 장 보고서라고 하면 더 재미있을 것 같긴 하다. 작성 방법에서도 팀원 1명이 혼자 작업하던 방식에서 팀장과 팀원 모두가 함께 참여하여 회의하고, 보고서를 나누어 작성한 후 종합 정리하는 조직화 방법도 눈에 띄고 있다.

보고서는 의사결정을 지원하는 도구이다. 수단이 보고서이고, 목적이 의사결정의 지원이다. 수단을 잘 다루는 것도 중요하지만, 경영자가 의사결정을 잘하도록 다양한 관점과 의견, 세밀한 데이터, 현상에 기반한 사실 등을 종합적으로 제공해야 한다. 깔끔하고 매끈한 형식의 파워포인트보다 무슨 내용을 근거로 어떻게 바꿀지, 개선의 방향과 현장과 의사결정 계층 간의 실시간 의견 공유가 이뤄져야 한다고 생각한다. 보여주는 보고서보다 깊고 넓은 보고서를 작성해야 한다. 그렇다면 종합적인 의사결정을 지원하고 깊이 있는 보고서란 어떤 것인가?

의사결정을 지원하는 보고서는 4가지가 있다

의사결정을 지원하는 보고서에는 4가지가 있다. 첫 번째, 의사결정을 지원하는 보고서는 배경이 있다. 즉, 보고하는 목적이나 관심을 두어야 하는 이유를 설명한다. 왜 이 시점에, 이런 내용을 보고하는지를 파악하는 배경을 포함하고 있다. 배경은 업계 동향, 업무 환경의 변화,

경쟁사와의 비교 등 현재 우리가 처한 상태나 상황을 이해할 수 있는 데이터와 추세 등을 뜻한다. 즉, 데이터와 업계 트렌드, 변화 추이 등으로 관심을 끌고, 현재 시점이 아닌 어떤 문제를 다루어야 하는지를 보고서에 담고 있다. 예를 들어 '인사평가제도 개편에 따른 후속 조치 방안'에 대한 보고서를 쓴다면 배경은 다음과 같을 수 있다.

예시 12-1 의사결정을 지원하는 보고서의 배경

1. 금번 평가제도 개편으로 인력 관리의 평가권이 현장 관리자인 팀장에게 위임될 것으로 예상됩니다.
2. 평가권에 대한 대대적인 위임으로 팀장들은 3가지 반응을 보이고 있습니다.
   – 적극적 수용 20%, 소극적 태도 50%, 수동적 반응 30%
3. 최근 경쟁사인 A사와 B사도 절대평가를 도입하고, 후속 조치를 마련 중인 것으로 파악했습니다." 등이다.

두 번째, 문제 또는 갈등이 분명하다. 회사에서 말하는 갈등은 드라마 주인공 간 갈등이 아닌 업무이해관계자 간의 의견 차이, 의사결정권자가 기대하는 상태와 현재 처한 상태 간 차이, 관점의 차이, 해결할 문제 등을 일컫는다. 특히 보고서에 말하는 갈등은 단순한 입장 차이를 넘어 기대하는 수준과 현재 수준 사이의 격차를 나타내는 여러 개의 방해물과 고민거리들이다. 예를 들어, 평가제도의 개선을 둘러싼 갈등은 제도의 이해 부족, 팀장들의 미숙한 평가 면담 실력, MZ세대 팀원들의 지나친 기대 등으로 하나의 이슈에 대한 다양한 방해물이라고 할 수 있다. 보고서에서 갈등을 잘 드러내면, 상사에게 왜 지금 여

기서 이 보고를 들어야 하는지 이유를 제공할 뿐 아니라 보고를 들으며 메모하게 만든다. 즉, 제대로 드러낸 갈등은 상사나 의사결정권자를 집중시킨다. 갈등을 드러내는 방법은 한 가지보다는 최소 2~3가지 이상을 연속적으로 제기함으로써 설득력을 높이고 관심을 끌 수 있다. 하지만 이것도 문제, 저것도 문제라는 식으로 과하게 강조하거나 갈등 소개에 긴 시간을 쓰면 의사결정권자가 불쾌해할 수 있다. 반면에 이래도 그만, 저래도 그만이라는 식으로 갈등을 약하게 말하면 관심이 없어진다. 언제나 그렇듯 적절한 갈등의 제시가 관건이다. 앞에서 소개한 '평가제도 개편에 따른 후속 조치 방안'에 대한 갈등의 예는 다음과 같다.

예시 12-2 의사결정을 지원하는 보고서의 갈등

1. 1차 평가자들인 팀장들의 평가제도에 대한 정확한 이해 부족
2. 절대평가에 따른 목표 설정의 어려움 호소
3. 팀원들과의 평가면담에 대한 어려움 호소(면담 횟수 증가, 대면 피드백 방법에 대한 부재)

세 번째, 여러 대안이 있다. 어떤 보고서는 이것을 할지 말지를 묻기도 하는데, 의사결정권자는 보고서를 쓰는 사람이 강력히 하자고 주장해도 긴가민가하는 의구심이 들기 마련이다. 따라서 보고서에서 눈길을 끌고 몇 번씩 수정해서 고쳐 쓰는 '보고서의 도돌이표 작업'에 빠지지 않으려면, 구체적인 계획과 예상되는 효과를 강조해서 하겠다는 의지를 분명히 드러내야 한다. 해결책 제안은 보고서의 핵심으로, 간결

하고 구체적으로 제시한다. 간결하게 제시한다는 것은 빨리, 가급적으로, 신속히 등의 부사가 아닌 언제, 어떤 식으로 하겠다는 육하원칙으로 정한다는 의미다. 할 수만 있다면 구체적인 기대 효과인 성공 여부를 측정할 핵심 성과지표나 마감기한까지 제시한다. 앞의 예시인 '평가제도 개편에 따른 후속 조치 방안'에서 해결책을 제안한다면 다음과 같다.

예시 12-3 의사결정을 지원하는 보고서의 대안

성과 달성과 팀원 성장을 위해 개편된 인사평가제도를 지속적으로 안정화시키겠습니다. 인사평가제도의 안정화를 위해 후속 조치는 3가지를 시행하겠습니다.(현재 4월 기준)
먼저, 평가면담의 간소화(팀장과 팀원에게 평가면담 템플릿 제공, ~6월말 제공)

o 팀원과의 면담에서 다룰 필수 면담 질문 개발(월간 평가면담지 개발)
o 팀원과의 평가 면담에서 예상되는 FAQ 개발 및 공유

다음은, 목표 설정의 개별화(팀장이 참고할 팀원의 혁신 목표 pool 구축, ~5월말 기한)

o 기존 업무 목표의 정리로 권장 업무 목표 샘플 제공
o 부서 내 혁신 목표, 부서 간 혁신 목표 등 혁신 목표 샘플 pool 개발
o 분기 단위로 부서장 혁신 목표 워크숍 개최(사외 인사 평가 전문가를 퍼실리테이터로 운영)

끝으로, 인사 평가 매뉴얼의 고도화(평가에 앞서 팀장, 팀원 대상 온라인 교육/동영상 제공, 4월말 제공)

o 기존 HR시스템에 게시된 문서형 인사 평가 매뉴얼을 교육용 온라인 과정으로 개편
o 상황에 따른 평가 대처 방안으로 상황 매뉴얼로 재구성 예정

네 번째, 관점의 유지이다. 의사결정을 지원하고 깊이 있는 보고서가 되려면 동일한 관점을 유지한다. 관점은 누구의 입장에서 상황을

파악할 것인지, 무엇을 할 것인지를 나타낸다. 사원의 입장에서 말하는지, 팀장의 입장에서 말하는지, 임원의 입장에서 말하는지, CEO의 입장에서 말하는지에 따라 다르다. 사원의 입장이라면 현황 파악에 관심을 둘 것이고, 팀장이라면 상황 파악과 단기 처방에 집중할 것이다. 자신이 할 수 있는 것에 최선을 다하려는 노력이다. 하지만 의사결정 보고를 받아야 하는 사람이 임원이거나 CEO라면, 상황 파악이나 단기 대안이 아닌 좀 더 길게 보고 깊이 보려 할 것이다. 임원이나 CEO 대신 일을 맡아서 할 수 있는지, 없는지 등을 가늠하는 것이 보고서의 기능 중 하나이다. 따라서 관점을 누구에게 맞춰놓고 쓰는지를 구체적으로 설정하여 배경, 갈등, 대안 등을 유지해야 보고서의 설득력이 높아진다. 배경은 CEO 입장에서, 갈등은 사원 입장에서, 대안은 팀장 입장에서 말하면 보고서는 뒤죽박죽의 이야기가 되고, 설득의 힘이 떨어질 수밖에 없다. 관점을 유지하려면 사전에 보고 받는 사람이 궁금해 할 질문과 궁금해 할 의견 등을 반영하면 더욱 좋다.

보고서는 내용과 형식 모두 중요하다. 내용이 형식을 이끌기도 하고 때로는 형식이 내용을 잡는다. 하지만 우리가 흔히 말하는 보고서의 화려한 색감과 도형 배치라는 발표 자료 화장술이 결코 내용을 이끄는 형식은 아니다. 팀장과 팀원이 보고서를 쓰고, 회의를 하는 이유는 서로의 업무에 대한 방향성과 다음에 진행하려는 구체적인 실행을 공유하려는 의도이다. 보고서는 발표자료 예쁘게 그리기가 아닌 현장의 이슈들을 다양한 관점에서 살펴보고, 새로운 대안을 모색하기 위한 활동이다. 이런 보고서를 쓰려면 팀장과 팀원은 어떻게 해야 할까? 혼자 회의실에서 끙끙대며 쓰는 보고서가 아닌, 팀장과 팀원이 함께 토의하고 현장을 반영하며 의사결정을 지원하는 깊이 있는 보고서를 쓰는 방법은 무엇인가?

보고서는 질문으로 시작해서 대안으로 완성된다

우리가 팀으로 보고서를 쓴다면 제일 먼저 질문을 뽑고, 의견을 모아 얼개를 잡고, 흩어져 보고서를 쓴다. 그리고 보고서 읽을 사람을 중심으로 읽는 순서를 맞춘다.

우선 1단계로 팀장과 팀원이 모여 함께 질문을 만들어야 한다. 보고서를 읽을 사람과 보고서에 등장하는 업무이해관계자들의 관점에서 가장 궁금한 것이 무엇인지를 구성하는 질문을 뽑아야 한다. 즉, 질문을 추출한다. 보고서를 쓰는 입장이 아닌 읽는 입장에서 궁금한 내용이 담기려면, 무엇을 궁금해할지를 토의나 입장 바꿔 생각하고 추려내야 하기 때문에 추출이라고 표현했다. 한마디로 생각의 생각에 대한 엑기스를 뽑아야 한다. 질문에는 기본적으로 8가지 질문이 있다. 왜 필요한지, 왜 중요한지 등을 묻는 Why 질문, 개념이나 올바른 모습을 정리하는 What 질문, 구성 요소나 단계를 살펴보는 Process 질문, 단계별 구체적인 방법과 누가 언제, 어떤 일을 해야 하는지 세부 조치 사항을 묻는 How 질문, 동향이나 사례 등을 묻는 Case 질문, 기본 질문을 넘어 응용하거나 의사결정할 때, 활용할 때 사용할 비교 대상 간의 차이점이나 공통점을 묻는 Comparing 질문, 가치관이나 상황을 가정하여 의견을 구하며 "너라면 어떻게 할 거니?"를 묻는 What-if 질문, 벌어진 사건이나 발생한 문제를 파악하는 어떤 일/사고가 벌어졌는지를 묻는 What-happened 질문 등이 있다. 앞서 예를 들었던 '인사평가제도 개편에 따른 후속 조치 방안'에 대해 질문을 뽑는다면, 다음과 같다.

> **사례 12-1** '인사평가제도 개편에 따른 후속 조치 방안'에 대한 질문들

- 인사평가제도 개편에 따른 후속 조치는 무엇인가?
- 인사평가제도 개편에 따른 후속 조치는 무엇으로 이루어지나?
- 인사평가제도 개편에 따른 후속 조치는 왜 필요하고, 왜 중요한가?
- 인사평가제도 개편에 따른 후속 조치는 누가, 어떤 방법으로, 언제 해야 하나?
- 인사평가제도 개편에 따른 후속 조치에 대한 단계별 추진 내용은 무엇으로 구성되나?
- 다른 회사의 인사평가제도 개편에 따른 후속 조치는 무엇이 있나?
- 인사평가제도 개편에 따른 후속 조치 A안과 B안은 어떤 차이가 있나?
- 당신이 의사결정권자라면 인사평가제도 개편에 따른 후속 조치로 무엇을 선택할까?

이런 질문은 보고서를 구성하는 7가지 요소와 어울린다. 보고서의 7가지 요소는 배경, 갈등, 대안, 예상 효과, 실행 계획, 필요 예산, 후속 조치 등이다. 먼저, 배경은 왜 하는지와 보고하는 이유는 무엇인지를 설명하는 것이다. 갈등은 어떤 대상 간의 시각 차이, 기대하는 모습과 현재 상황 간 차이를 드러낸다. 대안은 갈등을 푸는 해법과 의견을 가리키고, 예상 효과는 설명한 대안을 실행했을 때 예상하는 효과를 가리킨다. 실행 계획은 제안한 대안별 세부 내용과 일정, 실행할 주체 등을 설명하며, 필요 예산은 제안한 대안을 실행할 때 필요한 예산, 인원,

기간 등이 포함된다. 끝으로 후속 조치는 실행 후 지속적으로 챙길 이슈와 예상되는 향후 문제점 등이다. 당연히 상황에 따라 선택하여 운영한다. 모두 들어갈 수도, 생략될 수도 있다. 하지만 이런 질문이 불쑥 나왔는데 포함되어 있지 않으면, 성의 없거나 부실한 보고서가 될 수 있으니 질문에는 답변이나 기초 자료가 포함되어야 한다. 만약 포함되지 않으면 두 번 일하는 수밖에 없다.

이런 내용과 질문은 혼자서 순서대로 정하기 어렵다. 이때 팀원들에게 보고서와 관련하여 회의하자고 하면, 보고서 쓰기의 총대를 누가 멜지 눈치게임이 시작된다. 팀장은 보고서 총대 멜 사람은 미정이라 말하고, 모든 팀원들이 함께 떠오르는 대로 말하도록 유도한다. 팀원 전원이 모여 보고서의 내용을 말하면 번잡스럽고 혼잡에 빠질 수 있다. 이것저것 내용을 말하고 보고서에 담으면 의도치 않게 뒤죽박죽 보고서가 나올 수 있으며, 팀원들은 각자 자기 담당 업무가 아니니 서로 눈치를 보는 묘한 감정 기류가 생길 수 있다. 그렇다 해도 이런 보고서 첫 단계인 함께 대화하기는 여러 사람의 다양한 재능을 모을 수 있고, 다양한 의견을 담을 수 있다. 그러니 보고서의 첫 단계는 함께 모여 질문을 뽑아야 한다. 질문을 뽑을 때는 포스트잇을 사용하면 좋다.

2단계는 추출된 질문에 대해 팀장과 팀원들이 어떤 내용을 담을지, 누가 작성할지 등을 이야기하는 것이다. 어떤 팀원 한 명에게 보고서를 혼자 집필하게 하거나 이전 보고서를 가져다놓고 베끼라고 하지 말고, 먼저 함께 질문하고 의견을 모아 담아야 한다. 2단계에서는 팀장과 팀원이 의사결정권자들이 던질 질문과 자신들의 의견을 거칠지만 쏟아내야 한다. 이 단계에서는 보고서의 형식보다 내용에 집중해야 한다. 즉, 다양한 관점의 의견을 모으고 보고서의 얼개를 잡는 것이 중요하다. 그 이유는 보고서 쓰기에서 그치는 것이 아니라 보고한 내용을 실행하려면, 팀원들 모두가 보고서의 내용에 반드시 합의해야 한다. 즉, 팀장과 팀원, 팀원들 간 전략적 공감대가 필요할 뿐 아니라 전략적 공감대가 이 단계에서 이루어지기 때문이다. 다시 말해 의견을 모으고 구조를 짜는 대화로 어떤 내용이 어떤 얼개로 담기는지 알아야 보고서에 생명력이 생긴다. 그리고 팀원의 의견을 몇 번씩 묻고 확인하는 담금질 과정에서 보고서의 내용과 구조가 탄탄해지고, 현장에서 실행해 나갈 수 있는 현장 생명력이 생기기 마련이다. 보고서의 담금질은 의견을 제시하고 근거가 되는 데이터와 증명하는 예시나 사례 등을 서로 이야기하며 개념적이고 포괄적인 내용에서 현실적이고 세부적인 실행 계획으로 구체화될 수 있다. 즉, 현장의 문제를 해결하기 위해 다양한 갈등과 구체적인 해법이 하나의 목적을 가리키게 된다. 팀장은 이런 보고서의 담금질을 진행하는 퍼실리테이터(facilitator)의 역할을 수행한다. 팀장은 팀원들이 의견을 내면 좋은 의견이니까 혼자 정리해보라는 식으로 보고서 작성의 독박을 씌우지 않을 것이라는 믿음을 줘야 한다. 팀장은 보고서를 숙제 검사하듯이 판단하는 감별사가 아니라 함께 의논하고 구조적으로 배치하는 퍼실리테이터여야 한다. 팀원은 자신이 알고 있는 사실과 현장에서 벌어진 일에 대한 의견과 자기 생각을 가감 없이 풀어내는 플레이어로서 솔직하게 의견을 말한다. 괜히 나섰다가 일 떠맡을까 두려워 입을 닫는다면, 나중에 더 큰일로 떠밀려 갈 수 있음을 잊지 말아야 한다. 정리하면 팀장은 보고서의 구조와 흐름을 잡고, 팀원은 다양한 내용과 관점을 담는다.

구체적으로 의견을 모으고 보고의 구조를 잡을 때 가장 편한 방법은 무엇이 있을까? 필자는 포스트잇 사용을 추천한다. 팀장과 팀원은 포스트잇에 각자의 생각과 의견을 적는다. 포스트잇에 의견을 쓰는 방법은 포스트잇 한 장에 하나의 생각이나 의견을 담는 것이다. 1포스트잇에 1의견 또는 1사실이다. 생각과 의견은 7개 요소에 관한 내용이다. 아울러 포스트잇에 의견을 정리할 때는 자신의 생각과 의견을 증명할 데이터를 같이 표시한다. 예를 들어 '최근 MZ세대 퇴사자가 증가하고 있다'라는 메시지를 말한다면, '6개월간 MZ세대 퇴사자 증가율 필요'라는 식으로 적는다. 팀원들이 의견 하나에 데이터 하나 등을 포스트잇에 적으면, 팀장은 제출된 의견을 짜임새 있게 만든다. 이때 필요한 것은 다양한 얼개이자 구조이다. 의견과 데이터의 포스트잇과 질문의 포스트잇은 다른 색으로 구분한다. 예를 들어 의견과 데이터는 노란색으로, 질문은 분홍색으로 한다.

3단계, 팀장과 팀원은 내용이 어느 정도 모이면 일관된 구조에 따라 함께 정리한다. 즉, 포스트잇의 얼개를 보편적이고 일반적인 논리의 순서로 구조화한다. 기본적인 WHY-WHAT-HOW-WHEN의 순서를 추천한다. 1차적인 정리가 되면 보고서의 목적이 설명인지, 설득인지를 가늠하여 의사결정권자가 관심을 가질 만한 구성 요소와 순서로 재배치한다. 예를 들어 보고서의 목적이 설명하는 것이라면 WHY보다 WHAT부터 등장시킨다. 그리고 이어서 활용 방법인 HOW 등으로 이어질 것이다. 반면 보고서의 목적이 설득이라면 왜 필요한지 또는 왜 중요한지 등의 WHY, 이어서 무엇을 하자는 것인지, 그 기대 효과를 뜻하는 WHAT, 그리고 세부적인 내용과 기한 등의 실행 계획 등인 WHEN으로 정리할 수 있다. 아무래도 설명보다 설득이 어렵다. 아무튼 정리된 내용을 바탕으로 골라 활용하는 재미가 있다. 다음은 보고서의 기본적인 논리구조를 나타낸다.

양식 12-1 보고서의 구조를 잡는 일반적 구조

WHY	WHAT	HOW	WHEN
• 목적이자 배경 • 왜 하는지, 무엇이 문제인지, 왜 중요한지, 왜 필요한지에 대한 대답	• 주장, 대안, 제안 내용 • 대안에 대한 비교 (장단점, 기대 효과) • 대안과 기대 효과에 대한 대답	• 제안의 구체적인 내용 • 세부적인 해법 • 구체적 방법, 필요 예산(기간, 인력, 자원 등)에 대한 대답	• 후속 조치 • 실행에 따르는 점검과 관리 계획
이곳에 질문의 포스트잇을 붙인다. [분홍색]	이곳에 질문의 포스트잇을 붙인다. [분홍색]	이곳에 질문의 포스트잇을 붙인다. [분홍색]	이곳에 질문의 포스트잇을 붙인다. [분홍색]
이곳에 의견의 포스트잇을 붙인다. [노란색]	이곳에 의견의 포스트잇을 붙인다. [노란색]	이곳에 의견의 포스트잇을 붙인다. [노란색]	이곳에 의견의 포스트잇을 붙인다. [노란색]

팀장은 이런 프레임을 화이트보드에 그리고, 그 위에 지금까지의 질문과 의견, 데이터 등의 포스트잇을 붙인다. WHY 빈 칸에는 실시 배경, 갈등, 문제에 관한 포스트잇을, WHAT에는 해법과 관련된 포스트잇을, HOW에는 세부적인 해법에 대한 내용을, WHEN에는 후속 조치 등을 붙이며 분류한다. 포스트잇 분류 과정에서 계속해서 세부사항을 정하고 의견을 물어 구체화시킨다. 여기까지는 팀장과 팀원이 보고서의 프리뷰를 함께 한다. 보고서에 관심을 기울이고 한 번에 통과되려면 왜 하는지, 무슨 문제인지, 어떻게 하자는 것인지를 보고 받는 사람 입장에서 이야기해야 한다. 팀장은 구조와 흐름을 챙기고 팀원은 문제의식을 꽉 잡자. 구조와 흐름과 문제의식을 놓치는 순간 팀장과 팀원은 보고서 버전 100이라는 재작업의 연속이고, 의미 없는 일들의 연속인 '삽질'이 시작된다.

4단계는 보고서 작성이다. 사실 이미 질문을 뽑고 의견을 나누며 보고서의 공감대를 공유했기 때문에, 대략의 방향과 의견 등을 알고 있기에 큰 틀에서는 보고서의 내용이 서로 어긋날 일은 생기지 않는다. 팀장은 보고서 작성 내용을 나눠주고 팀원들은 각자 작성한다. 주로 팀장은 WHY와 WHAT의 내용을, 팀원은 HOW에 해당하는 내용을 작성한다.

5단계는 보고서를 종합적으로 정리하고 발표를 시뮬레이션한다. 이때에는 모든 팀원이 다시 모여 보고서의 내용으로 대화한다. 이때에는 질문에 답이 상응하는지, 보고서의 목적인 설명이나 설득에 따라 내용이 포함되어 있는지 등을 살핀다. 한발 더 나아가 보고서를 읽는 입장에서 할 법한 질문과 그에 대한 대답이 있는지, 보고서의 관점이 일관되게 유지되는지, 보고서의 표현과 형식 등을 통일시킨다. 특히 보고서의 내용에서 갈등을 강조할지, 해법을 강조할지, 필요성과 중요성인 배경을 강조할지 등을 팀장이 조율한다. 이 단계에서 팀장과 팀원은 보고에서 나올 질문을 던지고, 서로 대답하며 말이 되는지, 안 되는지를 살피고 부족하다면 주장하는 바를 채우고 그 근거를 보완한다. 특히 편집과 확인 단계에서는 오탈자, 잘못된 표현도 중요하지만 전체 흐름에 어울리는지, 불필요한 내용이 있진 않은지 등을 정리한다. 보고서를 읽는 의사결정권자들은 바쁘고 결정할 일이 많다. 따라서 복잡하고 논문같이 주석이 잔뜩 달린 보고서보다 갈등을 드러내고 구체적인 계획으로 설명해야 한다. 문서를 중시하며 읽는 보고에 능숙한 상사라면 문서에 집중하고, 발표로 말하는 것에 익숙한 상사라면 말로 보고하는 연습이 더 좋다. 아울러 몇 차례 문서에서 구조와 흐름에서 문제가 생기지 않는다면 보고서의 품질이 일정 수준 확보되었다고 판단하고 문서 보완을 줄인다. 반면 보고서 작성에서 잦은 실수가 발생한다면 당연히 기초적인 오탈자 검사, 표현의 어색함 등 보고서의 품질을 확보하기 위해 더 자주 검사하고 보완한다.

요약하면 팀으로 보고서 쓰기는 5단계이다.

1단계, 팀장과 팀원이 모여 업무이해관계자와 의사결정권자가 궁금해할 질문을 뽑는다.

2단계, 질문에 어떤 내용이 담겨야 하는지 키워드를 정하고, 질문과 키워드를 묶어 스케치할 작성자를 정한다.

3단계, 초안으로 작성된 보고서의 얼개에 배치시켜 구조화한다.

4단계, 보고서 작성으로 내용을 디테일하게 만든다.

5단계, 보고서로 시뮬레이션한다.

좋은 보고서는 무엇을 어떻게 할지를 공유하는 글이다

질문 추출-보고서 스케치-보고서 구조화-보고서 작성-보고서 시뮬레이션의 '팀으로 보고서 쓰기 5단계'는 팀원 작성과 팀장의 검토, 팀원의 재보완 작업의 무한반복이라는 일반적 방법보다 시간을 절약시키고, 다양한 관점을 반영할 수 있다. 또 팀장의 의견과 질문이 사전에 반영되어 보고서 작성의 리뷰 시간을 훨씬 절약할 수 있다. 질문 뽑기와 의견 모으기에서 개괄적이고 전략적인 공감대가 형성되었기 때문이다. 보통은 개인에게 보고서 초안이나 목차를 작성하게 하여 보고서 작성의 독박을 씌우고 다른 팀원들에게는 템플릿을 나눠줘서 개별 작성 후 통합하는 방식으로 진행한다. 그런데 이 방법은 전체적인 공감대가 부족하여 표현, 구성, 내용에서 중복되거나 누락될 가능성이 많다. 팀장이 팀원에게 장표를 어떻게 쓰라고 빨간 펜 들고 설치거나 직접 장표를 고치면 그냥 시간 낭비다. 거기에 팀장이 팀원의 보고서를 계속해서 반려하고 다시, 다시를 외치면 팀원은 오히려 자기 업무에 책임감을 느끼지 않고 어떻게 쓸지를 대놓고 물어볼 것이다. 생각하고 판단하기 싫다는 몸짓이다. 솔직히 어차피 써봐야 다 고칠 텐데 뭐 하러 고민하고 의견을 정리하고 데이터를 챙기겠는가. 팀장이 모든 것을 세밀하게 확인하고 간섭할 것을 너무 잘 알기 때문에 대답자판기인 팀장을 활용할 뿐이다. 게다가 보고서 작성의 독박을 쓴 팀원은 스트레스를 받아 번아웃에 빠질 수 있다. 잊지 말자. 우리가 쓰는 보고서는 훈민정음 해례본도 아니고, 국가 비상사태 대처 보고서도 아니다. 즉, 중요도가 1인 일을 10이나 100으로 강조하고 들들 볶으면 상대는 괜한 부담에 책임만 회피할 뿐이다.

잘 쓴 보고서라는 것은 표현과 형식에서 뛰어나다는 의미와 더불어 생각이 논리적이고 사실과 데이터에 기반한 근거가 명확하다는 뜻이다. 즉, 의사결정권자가 무엇에 관심이 있는지, 어떤 의도를 갖고 있는지, 뭘 기대하는지, 어떤 일을 어떻게 하고 싶어 하는지 등을 파악하고 존중한다는 뜻일 것이다. 나아가 좋은 보고서란 문서에서 그치지 않고 실행을 담보한다는 뜻일 것이다. 좋은 보고서는 디테일하고 체계적이며, 읽고 나서 무엇을 해야 할지 아는 글이다.

13

대안을 토의하는 회의를 원한다면

/

팀장은 토의보드로 대화하고, 팀원은 입체적으로 생각하자

점검하는 비대면회의, 창의적인 대면회의

"요즘 회의에 회의감이 듭니다. 최근 코로나로 화상회의가 많아졌어요. 이전 대면 회의에서는 자유롭게 의논하고, 잠시 휴식을 취하며 새로운 아이디어를 도출하고, 정보를 공유하거나 팀 프로젝트의 진행에 대한 어려운 과제 등을 결정했는데, 요즘 비대면 화상회의는 그렇지 못합니다. 요즘 회의는 정해진 시간 동안, 정해진 내용을 발표하고, 점검하는 식으로 효율적이지만 삭막합니다. 비대면 회의에서는 자료를 화면에 공유하고, 발표하여 회의 시간은 짧아졌지만, 업무가 조금만 여러 이해관계자가 얽히고, 과제가 복잡하면 서로의 의견이나 배경 그리고 해결 방향을 잡기가 힘들어요. 비대면 회의는 정보 공유나 토론, 워크숍에서는 한계가 있다고 봅니다. 제가 비대면 회의 프로그램 도구에 익숙하지 못해서 그렇겠지만, 비대면 회의는 기존 회의와 다른 방법으로 팀원들의 의견을 구하고, 참여를 독려하기에는 어려움이 있다고 봅니다. 앞으로는 비대면 회의와 대면 회의를 회의의 내용과 종류에 따라 구분해서 사용해야겠다는 생각도 듭니다. 아울러 회의를 진행하는 진행자의 역할도 교육이 필요하지 않나 싶어요. 회의 때 다양한 의견을 더 듣고 효율적인 의사결정이 이루어질 수 있도록 하려면 어떻게 해야 할까요?"

위의 사연은 코로나19로 화상회의를 많이 한 팀장의 사연이다. 내용인 즉, 코로나 19로 인한 재택근무, 자율출퇴근제 등이 이루어지면서 비대면 회의가 늘었는데 여전히 회의는 어렵다고 느낀다는 것이다. 물론 비대면 회의가 짧은 회의 시간, 어디서든 접속할 수 있다는 높은 접근성의 좋은 점이 있지만, 그 시간 동안 집중하기 어렵고, 단순한 진행으로 지루함 때문에 힘들다. 사연의 팀장은 이런 비대면 회의뿐만 아니라 우리가 평소에 운영하는 대면회의에서도 어떻게 해야 효율적이고 효과적일 수 있는지를 궁금해했다.

한 연구에 따르면 코로나19로 비대면 업무 방식이 새롭게 일하는 방식이 될 것이라 예상했다.[26] 예를 들어 SNS기업인 메타(Meta, 구 페이스북)도 2030년까지 인력 5만 명 중 절반 이상을 원격 근무가 가능한 형태로 업무 환경을 전환할 예정이라 하고, 글로벌 조사 기업인 카트너(Gartner Group)도 원격 근무를 코로나로 인한 일시적 현상을 넘어 새로운 일하는 방법이라고 주장했다. 물론 비대면 업무 방법이 정착하려면 몇 가지 해결해야 할 어려움이 있다. 대표적으로 앞선 사연처럼 화면을 보고 이야기 나누는 단순한 소통 방법, 정확한 이유를 알 수 없는 업무 정체의 증가, 독립적 업무 수행에 따른 구성원들의 심리적 저하 등이 우선 해결해야 할 문제들로 나타났다. 그래서인지 발 빠르게 여러 대안들이 시도되고 있다. 예를 들어 비대면 화상회의 때 본격적인 논의에 앞서 간단한 근황을 공유하며 들어간다든지, 온라인 워크숍의 규칙을 사전에 공유하고 지킨다든지, 작은 휴식을 갖는 방법 등이다.[27] 다른 연구에서는 회의의 성격에 따라 비대면 회의와 대면 회의로 구분하고 진행 사항이나 점검 등의 회의는 비대면 회의를, 창의성을 높이고 참신한 아이디어를 얻으려면 대면 회의를 권했다.[28] 정리하면 비대면 회의는 효율성에서 각광받고 유지되겠지만, 새로운 과제를 접하거나 창의성이 필요한 팀은 이전처럼 팀원들이 순차적으로 발표하고, 팀장이 일방적으로 지시하는 방법이 아닌 다른 방법을 찾게 될 것이다. 다른 방법의 실마리로 아마존의 '6페이지 내러티브 방법'을 살펴보자.

세계 최대 전자상거래 회사인 아마존은 내러티브와 토론 중심의 회의를 운영하는데, 그 이름이 '6페이지 내러티브 (6pager narratives)'라고 한다. 여기서 '6페이지'는 회의 자료가 6페이지를 넘지 않으며 이를 갖고 회의한다고 해서 붙였다고 한다. 즉, 회의 자료가 파워포인트 작업물이 아닌 서술식 문장으로 작성한 6페이지짜리라는 것이다. 6페이지 내러티브 회의는 작성된 자료를 20분 정도 차분히 읽는 것으로 시작한다고 한다. 첫 20분 동안 참석자들은 자료를 읽으면서 메모하거나 주석을 달아 궁금하거나 이해되지 않는 부분을 표시한다. 20분의 자료 읽기가 끝나면 다음 시간은 질의응답 시간이다. 이 시간 동안 참석자들은 자신이 메모한 내용을 중심으로 자료 작성자와 그의 팀에게 질문하고 답한다. 질의응답을 통해 참석자는 회의 주제를 전반적으로 이해하고, 팀원과 팀장은 회의 주제에 대해 보완할 부분을 찾을 수 있다고 한다. 질의응답 후에는 토의 시간으로 이어진다고 한다. 실제 업무나 프로젝트를 수행하면서 발생할 예상 문제 중 빠진 것은 없는지, 그와 관련된 대안이 보고서 안에 포함되어 있는지, 참석한 실무자들이 이의를 제기하고 답변하니 긴장의 연속이지만 회의는 알차게 이루어질 것으로 예상한다.

회의 주제가 신사업에 진출하는 경우, 회의 자료인 '6페이지'는 5가지로 구성된다고 한다. 그것은 보도 자료, FAQ, 업무 프로세스, 필드매뉴얼, 업무의 본질이다. 먼저 보도 자료는 이 사업이 왜 중요한지, 어떤 효과를 거둘지, 누구를 타깃으로 하는지 등을 담는다고 한다. 보도 자료는 이 사업이 성공해서 신문에 실린다면 어떤 기사이길 바라는지 상상해보기 위해서 작성한다고 한다. FAQ에서는 회의에 참여한 업무 관계자들이 궁금해할 질문과 그에 대한 담당자들의 대답이라고 한다. 결국 FAQ를 작성하려면 업무이해관계자들의 관점에서 무엇이 궁금할지, 회의에서 어떤 질문이 나올지를 미리 예상해서 질문을 추출하고 답변을 정리하므로 회의 자료에는 다양한 관점이 녹아들 것으로 예상된다. 그 다음 업무 프로세스에는 일의 시작부터 사업 운영에 이르는 업무 프로세스를 정하는 것이며, 필드 매뉴얼은 이런 단계별 내용과 포인트 등을 다룬다고 한다.[29] 정리하면 아마존의 회의 방식은 읽기 편한 자료, 다양한 이해관계자의 질문에 대한 사전 준비, 구체적인 의사결정 근거 제공 등의 특징이 있다. 특히, 회의 자료를 각자 읽고 질문을 정리하여 서로 질문하고 답변하는 방식은 듣는 회의가 아닌 말하는 회의를 유도하고 있다. 그렇다면 우리 팀의 회의는 어떻게 개선해야 할까?

듣는 회의에서 말하는 회의로

팀의 회의는 발표하고 듣는 회의에서 읽고 대화하는 회의로, 파워포인트 문서에서 워드프로세스 문서로, 순차적 토의에서 토의보드를 활용한 회의로 방향을 전환하여 논의하자.

먼저, 듣는 회의에서 말하는 회의로 바꾸자. 듣는 회의는 일방적으로 팀장이 지시하고 점검하는 회의를 말한다. 이 회의는 팀원들이 업무에 대한 전반적인 이해 없이 그저 팀장이 지시한 사항을 수행하기 바쁘며, 일의 목적에 관심을 두기보다 업무의 처리와 기한 준수에만 관심이 가기 마련이다. 즉, 듣는 회의는 팀장 혼자 말하고, 팀원은 듣기만 하는 회의이다. 반면에 말하는 회의는 팀장과 팀원이 함께 질문을 만들고 팀장과 팀원이 함께 토의하며 답변을 만드는 회의이다. 팀장과 팀원은 질문을 만들고, 대안을 토의하는 과정에서 일의 목적과 방향을 이해하게 되고, 협업과 시너지를 형성할 수 있다. 말하는 회의는 경영진이 궁금해할 질문에 팀장과 팀원이 대안을 함께 만드는 회의이다. 이때 팀장은 구조와 흐름을 잡는 역할이고, 팀원은 데이터와 의견을 제시하는 역할이 되어야 한다. 다시 말해 팀장은 일의 목적을 이해하고 팀원들이 회의에서 협업과 시너지를 창출할 수 있도록 촉진하는 역할이고, 팀원은 일의 목적을 성취할 수 있도록 데이터를 분석하고 의견을 제시하며 실행하는 역할이다.

회의는 혼자 일하는 것보다 여러 사람의 의견을 들어 개인적 편견을 벗어나도록 도우며, 전반적인 상황과 세부사항을 파악하여 개인의 실행력보다 큰 팀의 실행력을 확보할 수 있고, 일하며 생길 수 있는 팀원 간의 갈등과 문제를 사전에 예방할 수 있다는 장점이 있다. 회의의 이런 장점을 누리려면 우리는 자신의 주장을 적극적으로 이야기할 수 있어야 한다. 그러니 팀장은 판사와 같은 자세로 모든 사항을 저울질하며 듣기보다 전체적인 흐름을 운영하고 팀원은 자신의 주장을 근거를 갖고 펼쳐야 한다. 많은 연구에서도 일방적인 업무 지시와 점검보다 함께 의논하고, 같이 실행하면 실행력이 월등히 높다고 제시한다. 그럼 말하는 회의를 하기 위해서는 우리는 무엇을 어떻게 해야 할까?

먼저 회의에서 나올법한 질문을 뽑자. 알찬 회의는 경영진이나 업무이해관계자가 궁금해하는 일련의 질문에 답할 때 이루어진다. 따라서 가능한 사전에 많은 질문을 만들자. 일반적으로 회의는 준비된 자료의 발표, 참석자들의 의견 청취, 의사결정 등의 순서로 진행되는데, 이런 경우 회의 시간이 오래 소요될까 싶어 추가적인 질문을 망설이게 되고, 공식적인 자리에서 묻기에 사소한 내용은 부담스러워 질문을 꺼리게 된다. 그러다 보니 우리는 흘끔 바라본 자료와 얼핏 들은 발표 내용에 자신의 상상을 보태어 여러 안건에 대해 찬성표를 날리거나 반대표를 뿌리기 마련이다. 그러니 흘끔 바라보거나 슬쩍 듣는 방식이 아닌 디테일한 질문을 먼저 만들고, 이를 엮어 큰 질문을 만들자. 그러고 나서 회의 자료를 만들자. 정리하면 기존의 회의 순서가 자료 발표-의견 청취-의사결정의 순서라면, 필자가 제안하는 순서는 질문 만들기-질문에 답변과 토의-자료 만들기-재검토와 의사결정이다. 그러니 회의 자료를 만들기 전에 팀장과 팀원은 각자 궁금한 질문을 먼저 뽑고 서로가 그 질문에 답을 적어 토의부터 하자.

다음은 스토리를 담은 워드프로세서 회의 자료를 만들자. 회의는 회의 자료로 진행된다. 따라서 회의 자료가 일관성 없이 뒤죽박죽이면 회의는 길을 잃거나 성과 없이 마무리되기 마련이다. 일관성이 없거나 뒤죽박죽인 회의 자료는 보통 3가지다. 이런저런 팩트와 데이터만 나열하여 대안을 담지 못한 자료, 밥을 먹으면 배부르다는 식의 상식적인 주장의 자료, 데이터와 대안이 있지만 대안이 꽁꽁 숨어 있어서 인내심을 갖고 찾아야 하는 미스터리 자료 등이다. 특히 미스터리 자료는 문제를 은근슬쩍 숨기거나 발표가 마무리될 때까지 대안을 기다려야 해서 지치게 만든다. 이런 자료들로 회의하면 문제는 명쾌하지 않고, 대안은 뚜렷이 구별되지 않으며, 의사결정과 실행력을 사람들 사이에서 끌어내기 어렵다. 데이터만 가득한 자료, 당연한 주장만 담은 자료, 미스터리 자료 등으로 회의하고 소통하면 관심을 끌기 어렵고, 혼란에 빠질 뿐이다. 일반적으로 회의는 팀원들과의 소통을 통해 팀의 목적을 확인하고 업무에 필요한 정보를 공유하며, 의사결정을 빠르게 진행하는 활동이다. 따라서 회의 자료에는 회의의 목적과 배경, 해결할 문제나 이슈, 그리고 대안 또는 의사결정에 필요한 근거 등을 반드시 포함시켜야 한다. 그러나 데이터만 가득한 자료, 당연한 주장만 담은 자료, 미스터리 자료 등은 회의의 목적에 전혀 맞지 않다고 할 수 있다.

결국 회의 자료는 회의 목적에 따른 의도적인 배열이 필요하다. 즉, 회의의 목적이 의사결정인지, 문제해결인지 등에 따라 구조와 흐름을 다르게 해야 관심을 끌고 효과적인 회의를 할 수 있다. 회의 목적에 따른 구조와 흐름을 갖추는 것을 스토리식 회의 구성이라 하자. 또한 회의 자료 서술 방식에서도 일반적으로 말머리 표에 간략히 표현하는 파워포인트 형식보다 일관성 있는 문장으로 길게 서술하는 워드프로세서 형식이 더 효과적이다. 왜냐 하면 말머리 표에 간략하게 표현하는 형식은 가독성은 좋지만 별도의 설명 없이 이해하기 힘든데, 문장으로 구성되는 형식은 가독성이 다소 떨어질지 모르지만 별도의 설명 없이 완전한 이해가 가능하기 때문이다. 더욱이 워드프로세서 형식의 발표 자료는 관심이 가는 부분을 먼저 읽고 다른 부분은 나중에 읽는 식으로 유연하게 활용할 수 있다. 다시 말하지만, 회의 자료는 별도의 설명 없이 이해시키고 관심을 끌기 위해서는 의도적으로 구조와 흐름을 잡는 파워포인트보다 워드프로세서 형식을 추천한다. 그렇다면 우리는 어떤 질문을 어떻게 뽑고 다룰까?

직관으로 질문하고 논리적으로 구조화하자

흔히들 회의에서는 논리와 직관을 대립으로 여긴다. 논리는 말이나 글에서 사고나 추리 따위를 이치에 맞게 이끄는 과정으로, 구조적이며 사실 중심이다. 직관은 경험, 연상, 판단 등을 거치지 않고 대상을 직접적으로 파악하는 활동으로, 직감에 의존하며 가설적 추측 중심이다. 하지만 필자가 컨설팅과 강의에서 얻은 경험으로는 논리와 직관은 대립 관계가 아닌 순차적 관계이고, 상호 보완적 관계다. 즉, 컨설팅과 회의는 논리와 직감이 대립하지 않고, 직관에서 생각이 출발하고, 논리로 검증하고 보완하여 해법과 대안을 찾게 된다. 논리적 활동인 분석도 직감으로 시작해서 논리로 이어진다. 무심코 넘어가던 일에 의문을 품는 직관이 먼저고, 가설을 세우고 데이터로 근거를 찾고 가설을 보완하여 체계적으로 해결하는 논리가 다음이다. 게다가 어떤 문제의 원인을 찾을 때 조립 블록의 조각처럼 명확히 구분하기 어렵다. 벌어진 상황이나 일어난 문제가 어떤 개인에 의한 것인지, 부실한 제도에 의한 것인지 모호한 경우는 허다하다. 따라서 의미 있는 분석은 이것이 원인이 아닐까 하는 잡아채는 영감에 의존한다. 이런 논리와 직감을 이끌어내는 것이 질문이다. 그래서 회의의 시작은 질문이 핵심이다. 다시 말해 짐작해서 가설을 세우는 직관이 생각의 출발점을 잡아주고, 데이터를 체계적으로 다루고, 현장의 이슈를 들여다보는 논리가 해법과 대안에 힘을 실어준다. 정리하면 직감의 씨줄과 논리의 날줄로 짜인 회의가 현실 개선과 의사결정을 가능하게 한다.

말하는 회의를 해서 팀장과 팀원이 함께 탐구할 수 있는 질문을 만들어야 한다. 회의가 질문으로 시작한다고 해서 바로 "어떻게 하면 좋을지 의견을 이야기해봅시다." 식의 질문은 하지 말자. 누군가가 "제가 말씀드리죠."라며 다른 사람들의 눈치를 보고 욕먹을 각오를 하는 경우는 드물기 때문이다. 게다가 의견을 말했더니 좋은 의견이니 자네가 다 알아서 처리하라는 식으로 업무 독박이 씌워질 것이 예상되면 아무도 의견을 말하지 않는다. 결국 어떻게 하면 좋을지를 묻는 질문은 부담을 느끼게 만들고, 부담은 입을 닫게 만들어 침묵을 형성하고, 침묵은 서로의 눈치를 보게 만들어 참여를 이끌어내지 못한다.

질문의 종류는 보고서 쓰기에서도 설명했지만 여기에서 다시 한 번 정리하겠다. 개방적 질문은 의견을 묻는 질문으로 각자 어떻게 하면 좋을지를 묻는 등 다양한 응답이 가능하지만, 시간이 많이 걸리고 응답이 적을 수 있다는 단점이 있다. 반대로 폐쇄형 질문은 일종의 옳고 그름을 찾는 질문이다. A가 좋을지, B가 좋을지를 묻는 질문으로 속도는 빠르나 한정된 범위에서 응답을 선택해야 하기 때문에 다양한 의견을 끌어내기 어렵다. 질문에는 긍정형 질문과 부정형 질문도 있다. 긍정적 질문은 "어떻게 해결하면 좋을까?"라는 식으로 대안을 묻는 질문이다. 폭 넓은 긍정적 방향으로 다양한 대안을 끌어낸다. 반대로 "왜 실천하는 데 어려움이 있을까?" 같은 부정적 질문도 있다. 이는 문제점이나 원인에 초점을 맞추어 어떤 요인을 파악하는 질문이다. 회의에서 다양한 의견을 듣고자 한다면, 가능한 많은 질문을 만드는 것이 중요하다.

이외에도 회의할 때 활용하는 기본 질문 5가지와 3가지 응용 질문도 있다. 기본 질문은 왜 필요한지, 왜 중요한지 등을 묻는 Why 질문, 개념이나 올바른 모습을 정리하는 What 질문, 구성 요소나 단계를 살펴보는 Process 질문, 단계별 구체적인 방법과 누가 언제, 어떤 일을 해야 하는지 세부 조치 사항을 묻는 How 질문, 주제와 관련된 동종업계와 이업종계의 동향과 벌어진 사건, 발생한 문제를 파악하는 어떤 일이나 사고가 벌어졌는지를 묻는 Case 질문 등이 있다. 기본 질문 외에도 의사결정 하거나 의견을 들을 때 활용할 응용 질문들은 어떤 일에 대한 원인이나 요인을 묻는 What-cause 질문, 비교 대상 간의 차이점이나 공통점을 묻는 Comparing 질문, 가치관이나 상황을 가정

하여 의견을 구하며 상대가 그 상황 속에 있다면 어떻게 할지를 묻는
What-if 질문 등이 있다. 예를 들어 회의 개선을 위한 질문을 만든다
면, 다음과 같다.

사례 13-1 회의 개선에 관한 7가지 질문

질문 사례	질문의 종류	
• 회의는 왜 개선되어야 하는가? 회의를 개선할 이유는 무엇인가?	Why 질문	기본 질문
• 올바른 회의는 어떤 모습인가? 회의에는 어떤 종류가 있나?	What 질문	
• 회의는 어떤 요소로 이루어지나? 회의는 어떤 단계로 구성되나?	Process 질문	
• 회의는 누가, 어떻게 진행하나?	How 질문	
• 요즘 다른 회사들은 어떤 회의를 어떻게 진행하나? • 사내 회의 중 관심을 끌만한 사연은 무엇이 있나?	Case 질문	
• 의사결정회의와 문제해결회의 간 공통점과 비교점은 무엇인가?	Comparing 질문	응용 질문
• 당신이 회의 주재자라면 어떻게 운영할 것인가?	What-if 질문	
• 그릇된 회의의 원인은 무엇인가? 회의를 개선하기에 어려운 점은 무엇인가?	What-cause 질문	

질문의 종류를 바탕으로 팀장과 팀원은 질문을 만든다. 질문은 가
능하면 포스트잇에 기록하여 회의실이나 사무실 벽면에 붙이고, 다양
한 질문들을 추가한다. 먼저 가능한 질문을 만들고, 개방형 질문에서

폐쇄형 질문으로, 부정형 질문에서 긍정형 질문으로 옮겨가며 회의한다. 의견을 묻는 질문에는 적합한 정도의 차이가 있어도 오답은 없다.

질문을 어느 정도 다 뽑았다면 이젠 대답을 의논한다. 대답은 팀장이 묻고 팀원이 대답할 수도 있고, 팀장이 묻고 팀장이 답할 수도 있으며, 팀원이 묻고 팀장이나 팀원이 답할 수도 있다. 회의는 많은 사람들의 참여를 끌어내어 문제를 해결하거나 의사결정을 하는 것이니까 많은 의견을 듣고 적는다. 이때 회의 주재자는 어떤 대답이 나오면 항상 "이 질문에 이 대답이면 될까요?"라는 식으로 다른 사람들의 판단을 요청한다. 만일 아니라는 식의 평이 나오면 "왜 아닌가요?"라며 의견을 더 구하거나, "그렇다면 무엇을 보완해야 할까요?" 하면서 의견에 의견을 더 보탠다. 만일 "괜찮아요."든지, "좋은데요."라는 의견이 나오면 어떻게 확신하는지, 그 근거나 데이터는 무엇인지를 되물어 대답을 보완한다.

정리하면 팀장과 팀원은 질문을 만들고, 질문에 대해 팀장과 팀원은 대답을 반복한다. 그 다음 팀장은 질문과 제출한 대답을 읽고 팀원들에게 재질문하며 의견을 보완한다. 질문과 대답의 반복 속에 질문을 중심으로 운영하는 말하는 회의가 가능해진다. 가능하면 질문과 대답의 포스트잇 색은 다르게 하여 구분하면 좋다.

간혹 굳이 포스트잇을 사용할 필요가 있느냐고 물어보는 경우가 있는데, 기록은 사람을 정확하게 기억시키고 실수를 줄여준다. 말로만 회의하면 3가지 점에서 좋지 못하다. 우선 다른 사람의 의견에 내 의견을 덧대어 의견 덧붙이기로 진행하여 다양한 의견과 관점이 아닌 비슷비슷한 생각으로 통일된다. 대화로만 회의를 진행하면 좋지 못한 또 다른 이유는 아까 뭐라고 말했는지 잊기 쉬워 부정확한 내용으로 기억에 남아 실제 적용할 때 막연하게 된다. 끝으로 누가 무슨 대화를 했는지 기록이 남아 별도의 회의록을 작성하지 않아도 된다.

회의에서 가장 난감한 상황이 대답이 없는 경우다. 대답이 없다면 반응이 나올 때까지 기다리는 것도 방법이다. 하지만 반응을 기다리며 회의가 침묵에 빠지면 분위기는 곧 회의주재자와 참석자 간 기 싸움으로 이어져 어색하게 된다. 이러다 보면 팀원들 중에 '옛다, 대답 받아라'는 식의 대답이 나오기 때문에 권장하고 싶지 않다.

대답이 없다면 다른 방법으로 질문을 바꿔서 다시 질문한다. 같은 질문을 반복해서 재질문하는 것이 아닌 질문의 내용을 좀 더 쉽게 풀어서 질문한다. 예를 들어 "회의 개선의 당위성이나 필요성은 무엇이라고 생각하나요?"라는 질문은 "팀의 업무 중에 회의 시간이 많은 부분을 차지하는데, 예전의 방법을 그대로 사용하고 있어 좀 더 변화가 필요합니다. 각자 회의를 개선해야겠다고 느낀 필요성이나 사연을 먼저 말해주시면 좋겠습니다. 어떤 사례가 있을까요?"라는 식으로 바꾼다. 크고 개념적인 질문을 작고 구체적인 질문으로 바꾸면 답하기가 편하고 많은 의견을 들을 수 있다.

이렇게 큰 질문을 작은 질문으로 바꾸어도 대답이 없다면 참석자들에게 1~2분간 시간을 주고 자신의 생각을 포스트잇에 적고 옆 사람들과 의논할 수 있는 시간을 운영하는 것도 좋은 방법이다. 사실 어떤 질문을 듣자마자 바로 "제 생각은 이렇습니다."라는 식으로 말하기는 어렵다. 따라서 개별로 시간을 가져 생각하고 포스트잇에 키워드 중심으로 적은 뒤 발표를 유도하는 방법도 좋다. 일정 시간이 지난 후 어떤 이야기를 나눴는지를 확인하면 비교적 쉽게 대답할 수 있다. 이처럼 회의 속 회의를 만들어 운영하면 회의 분위기도 좀 더 가벼워질 수 있다. 아울러 1~2분간 개인 생각을 정리하고 옆 사람과 의논한 후 발표하면 혼자만의 책임이 아닌 여러 의견을 섞어 말할 수 있기 때문에 부담이 줄어든다.

어느 신문기사에서 위기 대응을 하는 것인지 회의 대응을 하는 것인지 모르겠다며, 회의 준비를 위해 스테이플러를 찍어 자료를 만드는 '스테이플러 공무원'이 된 것 같다는 한 일선 공무원의 하소연을 보았다.[30] 공직 사회에서 많은 인력이 이직을 하는 이유 중 하나가 지나친 회의와 회의를 준비하는 회의라는 것은 어제오늘의 이야기가 아니다. 그러니 자료를 준비하고 출력해서 발표하는 회의에서 좀 다른 회의로 바꿀 시기는 지나도 한참 지났다.

논리적으로 스토리를 짜는 토의보드

질문을 만들고 의견을 반복하여 구체적인 의견을 모았으니 의사결정을 위한 스토리를 만들어보자. 의견을 어떻게 논리적으로 살펴보고, 실행 계획을 어떻게 정리할까?

모든 회의 정리 방법을 다루기 어려우니 팀 회의에서 주로 다루는 의사결정과 문제해결을 위한 스토리 정리 방법을 집중해서 설명하겠다. 다양한 의견을 들었지만 회의를 마친 후에 참석자들이 무엇을 어떻게 할지 모른다면, 회의는 그저 화려한 개인기와 말의 잔치였을 뿐이다. 그러니 여러 의견을 엮어 문제해결과 의사결정을 논리적으로 엮어보자. 그러기 위해 우리는 회의를 논리적으로, 스토리로 정리해볼까? 필자는 다음과 같은 팀 토의보드를 활용할 것을 제안한다. 팀 회의보드는 2가지가 있다. 바로 문제해결 토의보드와 의사결정 토의보드이다.

먼저 문제해결 토의보드이다. 문제해결 토의보드는 문제, 배경, 원인, 해법으로 구성된다. 다음은 인사평가제도 개편에 따른 후속 조치에 대해 토의한 내용을 정리한 사례이다.

사례 13-2 '인사평가제도 개편에 따른 후속 조치' 문제해결 토의보드

문제	배경	원인	해법
Case 질문 (사외/사내)	Why 질문	What-cause 질문 Process 질문	What 질문 How 질문 Comparing 질문
• 2022년 평가제도 개편에 대해 팀장들의 3가지 반응 - 적극적 수용 20%, 소극적 태도 50%, 수동적 반응 30%[팀장 인터뷰, 2022년 2월] • 실제 사례로 혁신 목표 설정에 어려움을 겪는 사연	• 글로벌 기업으로 인사평가제도 선진화 • 글로벌 인력 유치&유지 • 팀장의 인력 관리 역량 제고 • 새로운 인사평가제도의 연착륙	• 평가제도는 목표 설정-목표 관리-평가&피드백으로 운영 • 각 단계별 안정화 요인은 4가지임 - 평가제도에 대한 이해 부족 - 목표 설정에 대한 부담 - 팀원들과의 평가 면담 부담	• 성과달성과 인력 육성을 위한 평가제도 안정화 시행 • 구체적 해법 1. 인사팀과 IT개발사와의 협업으로 평가제도 안내앱 개발 2. 인사팀과 기획팀 주관으로 혁신 목표, 동료 지원 목표 pool 구축

• 평가제도에 대한 이해의 부족으로 인사팀에 문의 증가 • 목표 관리의 자율로 팀 목표 관리 그라운드 설정에 어려움 호소하는 팀장 증가 • 평가제도에 대한 적극적인 정화 조치 필요 • 경쟁사인 G사, A사도 최근 절대평가제도 도입에 따른 후속 조치 시행 중 [중앙일보 기사, 22년 4월]	- 목표 관리의 룰 수립에 대한 구체적 방법 부족 (팀 목표 관리 그라운드 룰 워크숍 운영 방법)	3. 팀원 평가면담 템플릿과 교육 실시 4. 팀 목표 관리 그라운드 룰 수립 워크숍 교육과 전문가 지원 • 의사결정의 의견으로 1~4안을 비교했을 때 우선순위는 2안 ⋯4안 ⋯1안 ⋯3안

사례를 참고하면, 문제는 관심을 끄는 이슈 또는 발생한 사건이나 사고 등으로 정상적인 상태와 비정상적인 상태 간의 차이, 관점 간의 차이, 만족과 불만족 간의 격차를 뜻한다. 배경은 이슈, 사건, 사고 등 문제가 일어난 상황으로, 내부적으로는 관련 내용의 시간적 변화, 이해관계자 간 의견들을 가리키고, 외부적으로는 동종업계의 상황, 관련 주제의 변화추이 등을 뜻한다. 원인은 문제가 일어나게 된 직접적인 계기와 이유 등이다. 끝으로 해법은 문제를 일으킨 원인을 해소하거나 관리하는 방법으로 기대 수준과 현재 수준 간 격차를 일으킨 요인들을 누가, 언제, 어떻게 다룰지에 대한 사항이다. 이미 앞서서 질문을 뽑았고 뽑은 질문에 따라 반복하여 의견을 덧대었으니 문제해결 토의보드에 붙여 정리하면 된다.

다음은 의사결정 토의보드이다. 의사결정 토의보드는 배경-갈등-

대안-계획 등으로 이루어진다. 다음 사례로 의사결정 토의보드를 좀 더 이해해보자. 다음은 중장기 전략을 더 전문적으로 수립하고, 임직 원들의 참여를 높이고 싶은 경영 이슈에 대한 의사결정 토의보드의 사례이다.

사례 13-3 '중장기 전략 수립 고도화 방안'에 대한 의사결정 토의보드

배경	갈등	대안	계획
Why 질문	What-cause 질문 Case 질문 (사외/사내)	What 질문 How 질문 Comparing 질문	Process 질문 How 질문
• '2022 카타르 비전' 달성 - 매출액 7,000억 원, 순이익률 3%, 국내외 3개 본부, 6사업부 25팀 구축, 업계 복지혜택 3위 달성 • 2023년부터 2026년까지 집중할 중장기 목표와 목표를 달성할 전략과제를 수립할 필요성 대두 • 2026 비전을 성공적으로 수립하고 달성하려면 스태프부서와 현장부서 간 협의 협조체계 구축 필요	• 2022 카타르 비전으로 팀장들의 '전략 피로도' 호소 • 더 체계적이고 전문적인 성과관리 코칭의 필요 대두 • 현장 운영 능력을 높이기 위한 임원과 팀장들의 참여도 관리가 중요 • 어떻게 하면 2026 비전을 구체적으로 수립하고 현장 리더들의 전문적인 실행력을 높일까?	• 2026 비전을 수립하고 운영하는 방법은 3가지로 제안 - [1안] 일부 팀장·팀원으로 구성된 임시 조직 운영 - [2안] 외부 전문 기관에 의뢰 - [3안] 본부별 팀장/팀원과 외부 전문가를 통합하여 운영 • 1안, 2안, 3안의 장단점 비교 - [1안] 현장 참여 제고, 전문성 다소 부족 - [2안] 전문성 제고, 현장 의견 부족	• 2026 비전 고도화는 제안사 선정-제안 설명회-RFP 요청-컨설팅사 선정-2026 비전 설립 설명회 순으로 운영 - 예산 3억 원, 소요 기간은 1개월 • 경영진 비전 고도화 의견 사전 청취 예정

• 명칭은 기존 방법과 동일하게 월드컵 명칭을 활용하여 '2026 캐나다, 멕시코, 미국 비전'	- [3안]현장 참여 유도, 전문성 확보 • 방법은 컨설턴트가 임직원을 교육하고 현장에서 워크숍 실시 • 금번 비전 참여 대상은 팀장과 함께 차석(예비 팀장)으로 확대 - 차석은 코디네이터 역할 부여(의견 수집, 일정 조율 역할) • 2026 비전을 고도화할 방법은 3안→2안→1안 순으로 정리	• 2026 비전은 4단계로 운영 - 비전 체계 수립과 중장기 목표 설정-중장기 전략과제 도출 - 중장기 전략과제와 연간 사업계획 간 연계-목표 점검과 보완 방법 구축 - 예상 기한은 총 3개월 - 참여 인력은 60여 명 • 2026 비전 고도화의 KPI(핵심성과지표)는 예산/기한 적중률, 현장 이슈 해소율

배경은 왜 일이 중요한지, 왜 필요한지에 대한 맥락을 이해하게 도와주고, 의사결정의 목적 등을 알려준다. 갈등은 해결할 문제 또는 업무이해관계자 간의 입장 차이를 분명히 드러낸다. 갈등은 기대하는 수준과 현재 처한 수준 간 차이를 가리킨다. 여기에는 업무이해관계자들 간의 입장 차이, 의사결정권자가 가장 관심을 두는 내용이 포함된다. 팀에서 회의하거나 임원에게 보고할 때 눈에 크게 띄거나 뚜렷한 갈등은 찾기 어렵다. 하지만 의사결정을 끌어내려면 갈등을 뚜렷하게 강조하는 것이 중요하다. 따라서 갈등의 내용은 작은 갈등을 여러 개 엮어 하나의 큰 갈등으로 제시하는 것이 효과적이다. 그렇다고 해서 무슨 대단한 갈등이 있는 것처럼 강조하면 의사결정권자가 짜증을 낼 수 있기 때문에, 갈등은 짧고 명확하게 정리하여 제시한다. 대안은 보고의

핵심이다. 주로 해법을 실천했을 때 얻을 수 있는 효과와 해결책을 제안한다. 예를 들어 "더 나은 무엇을 구축하기 위해 이런 일을 해야 할 때입니다."라는 식으로 정리한다. 의견을 정리할 때는 의사결정권자의 의견을 듣고 해법을 실천할지 말지라는 식으로 어영부영 표현하지 말고, 명확히 하겠다고 의지를 담아 정리한다. 가능하면 마감 기한과 성공 여부를 측정할 핵심성과지표 등을 추가하면 효과적이다. 다음은 앞서 정리한 대안에 대한 구체적인 실행 계획이다. 실행 계획은 누가, 언제, 세부적인 어떤 일들을, 어떻게 하겠다고 정리하는 것이다.

다양한 관점을 묶는 삐딱한 시선

미켈란젤로의 조각상 〈피에타〉는 마리아가 예수를 무릎에 안고 슬퍼하는 모습을 담고 있다. 마리아의 표정은 고요하지만 숨진 예수를 무릎에 안은 조각상은 슬픔으로 가득 차 있다. 지금은 〈피에타〉를 걸작으로 꼽고 있지만, 이 작품이 처음 공개되었을 때는 비판을 받았다고 한다. 작품 속 마리아와 예수의 비율 때문이었다. 관람자의 시선에서는 커다란 성모와 예수의 늘어진 팔 밖에 보이지 않고, 예수보다 마리아가 더 크게 보여 마리아가 예수보다 더 높은 존재로 보인다는 비판을 받았던 것이다. 그러나 이런 비판에 미켈란젤로는 "이 조각은 신에게 바치는 것이니 인간의 시선으로 평가하지 말라."고 대답했다고 한다. 즉, 〈피에타〉를 신의 관점인 위에서 바라보면 평온하게 잠든 예수의 얼굴에 유독 밝고 온화한 미소가 흘러 예수가 주인공임을 알 수 있고, 마리아는 잘 보이지 않는다고 한다. 관람객의 시선과 신의 시선이 함께 보이는 작품이 바로 〈피에타〉이다.[31]

이처럼 우리에게는 회의를 하며 내가 본 것만을 주장하기보다 너와 나, 그리고 고객과 경영진의 관점을 종합해서 보는 입체적 사고인 삐딱한 시선이 필요하다. 삐딱한 시선은, 자신에게 보이는 한쪽 면에 치우친 시각으로만 판단하는 단면적 사고를 벗어나, 다양한 관점으로 접근하여 상대의 의견을 듣고 판단하는 사고방식이다. 혼자 생각하기를 넘어 함께 토의하여 답을 만드는 방법이다. 팀장과 팀원의 개인이 만나 힘을 합쳐 아이디어를 모으고, 이것이 팀, 부서, 조직으로 발전하여 유기적으로 협력해야 입체적 사고가 가능하다. 개인과 개인이 만나 1+1의 의미가 아닌, 개인과 개인이 만나 팀이 되면 1+1이 3이 되고, 5가 될 수 있도록 의견을 나누고 생각을 섞어야 하는 것이다. 이것이 팀의 시너지이고, 생각의 입체화이며, 회의의 본질이다.

마치며

즐겁고, 의미 있으며,
함께 일하고 싶어서

'팀장만 잘하면 팀이 바뀐다'는 말은 도전이 허용되지 않는 조건이다. 예전에는 어떤 팀장이 팀을 맞느냐에 따라 팀의 분위기가 바뀌고, 일하는 속도가 빨라지고, 단계가 달라진다고 여겼다. 다시 말해 팀장의 일하는 방법이 맡은 팀의 일하는 방법으로 바뀔 것이라 여기는 것이었다. 그러나 요즘처럼 고객과의 접점이 늘어나고 팀장과 팀원 간 의사소통 채널이 다양해지며 세대 간 갈등이 높아지고 팀의 일하는 구체적인 원칙도 모호한 상황에서, 모든 책임을 팀장에게만 지울 수 있을까? 필자는 그렇지 않다고 생각한다. 카리스마 있고 결단력이 있으며 빠른 일처리를 추구하는 팀장이 임명되면, 팀의 일하는 방법이 혁신되기보다 팀원들이 윗사람 눈치 보기가 바빠진다. 게다가 팀장의 눈길과 손길, 잔소리가 미치지 않는 영역은 방치되는 경우가 허다하다. 카리스마 강한 히어로 같은 팀장도 모든 회사와 현장에 존재하기도 어렵지만, 있다고 해도 팀장들이 모든 일을 상세히 챙기는 깨알 리더십을 발휘하여 팀원들이 스스로 일하고 싶은 욕구와 일하는 방법을 개발하도록 만들기는 어렵다. 모든 일을 꼼꼼히 챙기는 팀장 밑에서 무슨 이유로 팀원들이 스스로 생각하고 소통하며 행동하겠는가? 팀장이 알아서 챙길 것이고, 물으면 답을 줄 테니 말이다. 팀장의 리더십이 중요하지 않다는 것은 아니다. 팀장의 리더십만큼 팀원의 팔로워십도 중요하며, 팀장과 팀원이 함께 소통하고 생각하고 행동하는 방법이 더 중요하다는 뜻이다.

이제 개인에서 팀으로, 일하는 방법을 바꿔야 한다. 팀의 일하는 방법은 팀장 한 사람에게 잘못을 꾸짖고 책임을 물을 문제가 아닌, 팀장과 팀원이 함께 맞추고 만들어갈 팀의 과제이다. 다시 말해 팀의 일하는 방법은 팀장 개인의 문제가 아닌 팀이 함께 만드는 과제이다. 환경에 변화하고 내부 역량을 개발할 수 있는 팀플레이로 일하는 방법이 필요하다. 이것이《팀플레이 법칙》을 쓴 목적이다.

이 책을 쓰려고 대략 750여 개의 현장에서 겪고 있는 팀장과 팀원들의 고민을 수집하고 분류했다. 가장 먼저 필요한 방법들을 정리해서 팀플레이로 일하는 방법을 집필했다. 이 책은 팀장과 팀원을 동시에 고려했다. 팀이 성과를 내려면 팀장과 팀원이 모두 힘을 합쳐서 일해야 한다. 그건 팀장의 탁월한 리더십만으로도, 팀원의 부지런한 팔로워십만으로 이루어지는 것이 아니라 생각한다. 회사는 혼자 일하는 곳이 아닌 함께 일하는 곳이기 때문이다. 꼭 팀장과 팀원이 함께 읽어 현장에 적용했으면 하는 바람이다.

"걸핏하면 무얼 깨달았다는 사람들 두렵다 무언가 알아냈다고 목청 높이는 사람들 무섭다 나는 깨달은 적이 없는데 어떡하면 깨달을 수 있을까 깨닫기로 말하면 대체 무엇을 깨닫지? 이것인 듯하다가 저것인 것 같은 생의 한복판에서 깨달음까진 몰라도 바람 흘러가는 쪽이나 좀 알았으면……"[32]

좋아하는 시의 일부이다. 많은 사람들이 어느 분야에서 또는 세상에서 뭔가를 깨우친 듯 소리치지만, 정말 뭔가 알아낸 사람은 알면 알수록 겸손하게 되는 듯하다. 취재하고 집필하는 내내 겸손하려 노력했고, 노력하며 일하는 사람들에게 작은 실마리라도 챙겨주고 싶었다. 그리고 어딘가에서 팀장 때문에 속앓이하는 팀원, 팀원 때문에 속상한 팀장을 응원하고 싶었다. 당신만 고민하고 있는 건 아니라고 말이다. 그저 그렇게 오늘 하루 묵묵히 자신을 단련하고 자기 생각의 영역을 확장시켜나가면 된다고 노력하는 팀장과 팀원을 지지해주고 싶었다. 조금 더 할 수 있다면 혼자 노력하지 말고, 동료들과 함께 일하는 방법을 만들라고 제안한다. 그렇게 일하면 어제보다 조금 더 나은 의미를 만들고, 함께 일하는 즐거움을 느낄 것이다. 혼자 일하던 팀에서 함께 일하는 팀으로 바람이 흘러가고 있다. 분명 '함께'라는 바람이 분다.

2023년 3월
윤영철 드림

주석

1   《나는 감이 아니라 데이터로 말한다》, 신현호, 한겨레출판, (2019), 79~80쪽 인용.

2   〈SERICEO-세상을 움직이는 법칙〉, 김민주, 참고. https://terms.naver.com/entry.naver?
    docId=3439898&cid=58472&categoryId=58472

3   〈A new strategy for job enrichment〉, J. Richard hackman, Gary oldham 외 2인,
    california management review 17. no 4(1975), 57~71쪽 참고.

4   〈The goal-gradient hypothesis and maze learning〉, Hull, C. L., Psychological review
    39(1), (1932).

5   〈The Goal-Gradient Hypothesis Resurrected : Purchase Acceleration, Illusionary
    GoalProgress, and Customer Retention〉, Ran Kivetz, Oleg Urminsky and Yuhuang
    Zheng, Journal of Marketing Research(2006), 39~58쪽 참고 요약.

6   《하이 아웃풋 매니지먼트》, 앤드루 S. 그로브, 청림출판(2018), 64~69쪽 . 여기서 말하는
    스태거(stagger)는 지그재그 또는 서로 엇갈리게 배열하는 것을 의미한다.

7   이 책에서 설명하는 스태커 차트는 기존 앤드루 그로브의 스태거 차트 하단에 오차율을
    추가했다. 이렇게 하여 예측 목표와 실제 성과 간 비교로 그 차이를 뚜렷이 하고 오차율을
    관리하도록 의도했다. 달성 가능하다고 예측한 성과와 실행해서 달성한 성과를 비교하여
    그 차이를 파악하고 매번 그 차이를 분석한다.

8   《하이퍼포머 팀장매뉴얼》, 류랑도, 쌤엔파커스(2009), 350쪽 참고 재정리.

9   《하이퍼포머 팀장매뉴얼》, 류랑도, 쌤엔파커스(2009), 354쪽 참고 재정리.

10 《배민다움》, 홍성태, 북스톤(2016). 232~235쪽 참고.

11 《어떻게 의욕을 끌어낼 것인가》, 하이디 그랜트 할버슨 토리 히긴스, 한국경제신문사
    (2015), 282~284쪽 참고. 하이디 그랜트 할버슨 등은 이 책에서 개인이 목표를 세우고 성
    과를 내는 과정에서 나타나는 개인의 동기를 성취지향, 안정지향으로 나눌 수 있다고 했
    는데, 이를 조절초점이론이라고 한다.

12 〈상사-부하 조절초점 부합도가 LMX 및 부하 성과에 미치는 영향: 리더십 스타일 및 과업

유형의 조절 효과를 중심으로〉박지환, 고려대학교 대학원(2013), 21쪽의 [표 1] 조절초점을 요약.

[표] 조절초점(Regulatory Focus Theory)

구분	향상초점	방어초점
목표	성취	안전
행동 목표	• 이상, 희망, 영감, 성장 욕구	• 당위, 의무, 책무/책임, 안전 욕구
행동 전략	• 긍정적인 결과 추구 • 위험 추구 성향과 관련이 있음 • 변화에 좀 더 개방적	• 부정적인 결과 회피 • 위험 회피 성향과 관련이 있음 • 변화에 덜 개방적
유발 요인	• 성향적 요인(내적 요인): 성장 욕구, 진전, 성취 • 상황적 요인: 긍정적 결과의 유무	• 성향적 요인(내적 동인): 안전 욕구, 의무, 규제 • 상황적 요인: 부정적 결과의 유무
선호 상황	• 과업 전환(변화)을 선호	• 과업 유지를 선호
결과	• 긍정적 결과(gain–nongain)에 민감 • 추구하는 목적(진보, 성취)에 부합하려는 경향(진보를 위한 모든 수단 강구)	• 부정적 결과(loss–nonloss)에 민감 • 추구하는 목적(안전, 방어)에 부합하지 않은 것을 피하려는 경향(실수 회피)
감성적 경험	• 긍정적 결과 획득 시의 즐거움, 만족 • 획득 실패 시의 불쾌, 실망	• 부정적인 결과를 피했을 때의 평온, 안도 • 피하지 못했을 때의 동요, 초조

13   《어떻게 의욕을 끌어낼 것인가》, 하이디 그랜트 할버슨·토리 히긴스, 한국경제신문사(2015), 283~284쪽 참고.
〈상사-부하 조절초점 부합도가 LMX 및 부하 성과에 미치는 영향: 리더십 스타일 및 과업유형의 조절 효과를 중심으로〉, 박지환, 고려대학교 대학원(2013), 193쪽 참고.
〈L기업 관리자 코칭 행동과 구성원 조직 몰입의 관계에서 조절초점의 매개효과〉, 양유정, 고려대학교 교육대학원(2016), 100쪽을 참고하여 재정리.

14   직무평가에서 가장 많이 사용되는 방법이 점수법이다. 점수법은 직무의 평가 요소를 선정하고 각 평가 요소의 중요성에 따라 일정한 점수를 배분한 후 각 직무의 가치를 점수로 환산하여 상대적 가치를 평가하는 방법이다.

15   고용노동부의 〈업무별 직무평가 도구 활용사례집〉을 참고해서 일부를 발췌했다. 앞의 책에서는 제조업종, IT업종, 보건의료업종, 공공서비스업종, 사회복지서비스업종, 호텔업종 등의 직무평가 사례를 제공하고 이중 일부를 요약했다.

[표] 업종별 업무 평가 사례

구분	ICT 제조업	컨테이너 제조업	의약제조업	병원서비스업
정형업무	제안 관리, 제품 테스트,협력사 관리, 공정 관리, 인증 관리, 금형 관리, 기술 자료 관리	비서, 기사		원무사원, 기관사, 약무지원, 구매자산사원, 보호사, 조무사, 외래조무사, 조리원외래접수사원, 수납사원, 일반 총무사원, 조리사
숙련업무	입고 관리, 계측 관리, 재고 관리, 고객 관리, 배송 관리, 총무 관리	부산 해상 수출/수입 운영, 항공 수입 운영, 항공 수출 운영, 자금, 회계, 세무, 총무, 전산, 지사 창고 운영 관리, 대리점 운영, 벌크 화물 해상 수출 운영, 해외법인 관리, 컨테이너 해상 수출 운영, 장비 관리 운영, TCR운영 관리, TSR운영 관리	영업 관리, ○○○ 영업 총괄, 스테비아 생산 총괄, 자금, P&C 생산 관리, 품질 관리, 구매 및 위험물 관리, 인증 관리, 수출 관리, 총무, 홍보 마케팅, 생산 지원 서무, 스테비아 포장	영양사, 공공의료사원, 인사노무교육주임, 전략기획실사원, 조리장, 임상심리사원, 간호사, 심사주임, 낮병원사원, 중독정신병원사원, 방사선사
유연업무	제품 가공, 설계 변경, 생산 기술 관리, 생산 관리, 신제품 개발, 회계 관리, 정부지원사업 관리, 제품 개선, 수입 검사, 전자상거래 운영 관리, 구매 관리, 원가 관리, 전산운영 관리, 자금 관리, 인사 관리, 영업 관리	해상 Pricing, 인사, Rallway Pricing	영업 총괄, 영업 팀원, 해외 영업, ○○ 영업, 의약품 GMP 관리, 생산원가 관리, 인사노무·세무·구매 관리, 생산 지원 총괄, 폐수 처리 관리, 설비 보전	시설관리팀장, 원무팀장/계장, 약제실장, 책임간호사, 환자안전관리자, 재무회계,원무주임, 영양실장, 사회사업팀장
응용업무	매출 관리, 생산 기획, 설계 관리, 거래처 관리, 재무 관리, 법무 관리	해상 영업, 지사 해상 영업, 항공 영업, 프로젝트 영업, KAM 영업	영업(팀장), 회계, 기획 관리, 설비 안전 관리, P&C생산, 설비 설치/개선	간호과장, 총무과장, 전략기획실장, 원무과장, 행정부장, 경영기획실장, 사회사업과장, 심사차장, 임상심리실장, 수간호사

16 토리 히긴스 앞의 책, 109~110쪽을 인용.

17 《유시민의 글쓰기 특강》유시민, 생각의 길(2015) 170~175쪽을 참고하여 인용.

18 《동기: 현상과 이해》장은미 진현, 박영사(2021) 3쪽을 요약 인용.

19 《EQ 감성지능》다니엘 골먼, 웅진지식하우스(2008) 80쪽, 93~95쪽과 〈What makes a leaders〉HBR(2004년 1월호)를 인용하여 정리.

20 〈Generation Disconnected: Data on Gen Z in the Workplace〉, Ryan Pendell Sara Vander Helm, Gallup.com, Workplace(November 11, 2022) 참고. (https://www.gallup.com/workplace/404693/generation-disconnected-data-gen-workplace.aspx)

21 최근 통계청에서 발표한 자료를 살펴보면, 2011년 평균 근속기간이 19년에서 2021년 15년으로 4년이 짧아졌다. 2011년에 일자리를 그만둔 나이가 평균 53세였다면, 2021년에 퇴직하는 나이의 평균은 49세로 줄어들고 있다. (https://www.joongang.co.kr/article/24118963#home)

22 《일의 미래》린다 그래튼, 생각연구소(2012) 255쪽 인용.

23 《일의 미래》딜로이트 컨설팅, 원앤원 북스(2018) 60~74쪽 요약.

24 〈중장년 근로자의 불확실성에 대한 인내력 부족이 은퇴불안에 미치는 영향 : 계획된 우연기술의 조절효과〉, 김선희, 한국기술교육대학교 테크노인력개발전문대학원(2022), 5쪽 인용.

25 《순서 파괴》콜린 브라이어 빌 카, 다산북스(2021) 162~163쪽을 인용하여 요약.

26 〈포스트코로나 언택트 시대의 경영관리: 조직문화, 리더십, 커뮤니케이션을 중심으로〉백유진, 경영 회계 사무 인적자원개발위원회(2021).

27 〈워크숍도 온라인으로 할 수 있다〉밥 프리슈, 캐리 그린, 댄 프라거, 하버드 비즈니스 리뷰(2020) 인용 요약. (https://www.hbrkorea.com/article/view/atype/di/category_id/2_1/article_no/175/page/1)

28 〈참신한 아이디어 더 얻으려면 화상보다는 대면회의〉조승한, 동아사이언스(2022). (https://m.dongascience.com/news.php?idx=53898)

29 《순서 파괴》콜린 브라이어 빌 카, 다산북스(2021),《베조스 레터》스티브 앤더슨, 리더스북(2019),《아마존처럼 회의하라》사토 마사유키, 반니(2021)를 인용.

30 〈"인사·보상·성과 꽉막혀"… 7급은 탈출, 국장은 '납작'〉정석우 황지윤, 조선일보/활력 잃은 공직사회[상](2022. 8. 1.)에서 인용.

31 〈죽은 예수 조각상의 표정에 담긴 소름돋는 비밀?〉예술의 이유, 유튜브, 영상을 참고. (https://youtube.com/shorts/x0MY1wIryeY?feature=share)

32   《먼지가 아름답다》박재화, 인간과문학사, (2014)의 시 〈깨달음의 깨달음〉중 일부 인용.

팀플레이 법칙

ⓒ 윤영철 2023

초판 1쇄 발행 2023년 4월 1일

지은이 윤영철
펴낸이 박성인

기획편집 허남희
디자인 데시그 이하나

펴낸곳 허들링북스
출판등록 2020년 3월 27일 제2020-000036호
주소 서울시 강서구 공항대로 219, 3층 309-1호 (마곡동, 센테니아)
전화 02-2668-9692 **팩스** 02-2668-9693
이메일 contents@huddlingbooks.com

ISBN 979-11-91505-24-5(03320)